천명을 바꿀 수 있는

풍수지리 정석

서병선

천명을 바꿀 수 있는 풍수지리 정석

초판 1쇄	2019년 05월 17일
지은이	서병선
발행인	김재홍
발행처	도서출판 지식공감
브랜드	비움과채움
등록번호	제396-2012-000018호
주소	경기도 고양시 일산동구 견달산로225번길 112
전화	02-3141-2700
팩스	02-322-3089
홈페이지	www.bookdaum.com
가격	22,000원
ISBN	979-11-5622-446-4 03180
CIP제어번호	CIP2019016065

이 도서의 국립중앙도서관 출판예정도서목록(CIP)은
서지정보유통지원시스템 홈페이지(http://seoji.nl.go.kr)와
국가자료종합목록시스템(http://www.nl.go.kr/kolisnet)에서 이용하실
수 있습니다.

천명을 바꿀수 있는

풍수지리 정석

서병선 지음

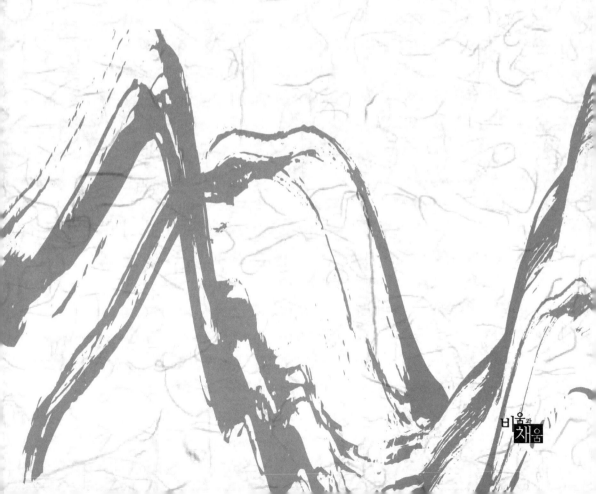

비움과
채움

⋮ 머리말

　세상의 흐름이 하 수상하여 종잡기 어려운 때에 풍수 학문이 세인들의 관심
이 멀어지고 미신화되어 가는 현실이 너무나도 안타까운 즈음에 손자의 권유
에 마음이 움직여 이 글을 쓰게 되었는데 천학비재(賤學卑才)하여 두서없고 문
장력도 쉽게 떠오르지 않아 나의 후손에게나 남겨주고 싶은 마음에 20여 년
배우고 익힌 것을 대강 정리해본다. 우선, 내가 배운 이수학회의 창설자이시
고 우리나라 풍수학의 중흥조이신 수강(유종근) 선생님의 학문을 나의 재능이
부족하여 오롯이 전수받지 못하고 사부님의 이 세상 최고의 학문이 이대로 묻
혀 가는 현실이 안타까운 마음에 『한국 풍수의 원리』의 방대하고 심오한 내용
을 최소한 간추려 정리해 보았는데도 복잡하다. "좋은 약은 입에 쓰다"란 말
과 같이 "좋은 풍수는 쉽지 않다". 비인물전(非人勿傳)이란 수강 사부님의 철
학을 실행하고자 하나 이 학문을 배우려는 사람이 없고, 시대의 흐름 또한 그
렇게 되어가고 있으니 아쉽고 안타까운 일이지만 어찌할 수 없다. 부득이 후
손에게 남겨 풍수의 중요성을 강조하고자 이 글을 적어본다.

　특히 형기론은 모든 학파가 비슷하지만, 이기론은 많은 차이가 있어 역의
원리, 간지와 오행, 나경의 원리 등을 설명하여 최소한의 기초 상식과 이론을
기술했고, 풍수학의 핵심인 생기를 찾는 방법이 만두형세지만 산과 물의 기가
합법한 것인지와, 눈에 보이지 않는 기의 흐름을 이론으로 검증하는 것이 "천
성이기론"이다. 만두형세와 천성이기(天星理氣)는 둘이 아니고 하나이다. 진혈
(眞穴)을 구분하는 것도 만두형세 하나만 알고 혈의 진정을 모르면 오천(誤阡)

하기가 쉽다. 강호의 모든 풍수사들이 선행조건으로 천성이기를 깨달은 후에야 비로소 풍수학의 궁통(窮通)이 가능하다는 점을 잊어서는 안 된다. 풍수학에서 형(形)은 중(中=體)이요. 이(理)는 화(和=用)이다. 중화는 체용(體用)으로서 형기와 천성이기는 어느 한 가지만 주장할 수 없다. 어렵다고 해서 천성이기를 중국 풍수라고 비하하고 형기만을 주장하는 학파가 많은데, 형기는 산수의 모양새를 살피는 형이하학(形而下學)이고, 기(器)이다. 이기(理氣)는 지기의 상승과 천광(天光)의 하림(下臨)을 살피는 형이상학(形理上學)으로 도(道)이다. 이기란, 나경을 사용하여 용, 맥, 수의 내거와 사의 방위를 측정하여 용의 생, 왕, 휴, 수와 맥의 통구, 수의 왕쇠, 또 장(葬)의 승기(乘氣)를 살펴 천광과 지기를 합일(合一) 융통시키는 학문이다. 그러므로 풍수학은, 반드시 천성이기를 깨달아야만 풍수사가 될 수 있다.

옛말에, "방안풍수"와 "작대기 풍수"라는 말이 있는데, 천성이기만 알고 산안(山眼)이 없으면 방안풍수이고 혈을 찾는 안목이 있어도 천성이기를 모르면 작대기 풍수라 한다. 본문에서 여러 학파를 거론하였으나 다른 학파의 기본이론은 전문지식이 없어 대강만 설명하였다. 하지만 맞지 않는 것은 확실하다. 강호의 많은 풍수사들의 진솔한 토론이나 질책을 겸허히 수용하겠다. 진정한 인격체의 풍수사가 되라고 그렇게 호통치시던 스승님이 이수학회 시산제(2019년 2월 17일)를 모시고 온, 다음날 세배 겸 문병을 다녀왔는데 보름여 만에 한 많은 세상을 등지시고 김天하시었다. 너무나 애통하고 슬프다, 스승님에게 아직, 배워야 할 것이 많은데 아쉬움이 크다.

2019. 05

서병선

차례

풍수의 정의

풍(風): 바람이다. 기(氣)와 정(精)을 말한다.

　　　　바람이 하늘에서 불어와 천기(天氣)이고 양(陽)이다.

수(水): 물이다. 물은 땅에서 솟아나오니 지기(地氣)이다.

　　　　즉, 피(血液)를 뜻하고 음(陰)이다.

따라서 풍수학은 우주 자연의 이치를 인간의 삶에 조화롭게 적용시키는 학문이라고 할 수 있다.

풍(風) = 정(精) = 조(燥) = 온도(溫度) = 양(陽)

　　　　　　　　　　　　　　　　= 동기감응(同氣感應)

수(水) = 혈(血) = 습(濕) = 습도(濕度) = 음(陰)

풍수학이란 곧, 환경을 다루는 학문이고 자연을 인간의 삶에 이용하여 건강과 풍요로운 생활을 위하고, 조상과 후손을 위한 효도학이다. 즉, 부(富), 귀(貴), 손(孫), 인간(人間)의 욕구(慾求)에 부응할 수 있는 첩경이다.

⋮ 풍수의 목적

　자연의 법칙을 연구하여, 인간의 삶의 질을 높이고 크게는 국가, 사회, 도시, 기업의 위치 등 국가 발전의 토대가 되고 적게는 각 개인의 삶의 원천인 집의 위치와 배치, 또 중요한 음택, 즉 조상을 길지에 찾아 모시면 조상의 혼령이 편안하고 자손의 삶이 풍요롭다. "탈신공(奪神功), 개천명(改天命)" 그래서, 이 학문은 우리의 삶 전 영역에 영향을 준다고 할 수 있다.

당일행선사(唐一行禪士) 간산결(看山訣)

　당일행(唐一行)은 당대 희종 때 사람으로 대문호가요 대술법인(大術法人)이다. 그때의 벼슬이 이부상서(吏部尙書)이고, 퇴직 후 출가하여 중이 되어 불가에 호는 일행선사이다.

　일행선사 왈 "간산지법의 이치가 심이(深)라. 동국즉(東國卽) 산다험고(山多險高)하고, 수역급유지이험(水亦急流之夷險)하여 우리 당나라와 다르다. 우리 당나라는 천리무산(千里無山)하고 토후수심(土厚水深)하여 토색(土色)이 자윤(滋潤)하여 모두 구롱지지(丘壟之地)일세. 고로 생인(生人)이 인후돈학(仁厚敦學)하여 다출현인군자(多出賢人君子)이며 우출영맹지인야(又出英猛之人也)라. 동국즉(東國卽) 지반(地盤)이 심소이석다(甚少而石多)하며, 산천이 준급이쟁변쟁기(埈急而爭變爭起)라. 다출소인(多出小人)이요 기습(其習)이 불미(不美)로다. 왕년(往年)에 기견해동지산세(旣見海東之山勢)하니 선설불사건탑(先設佛寺建塔)이라. 그 기(氣)가 장원(長遠)하니 불도대창(佛道大昌)은 필견가지(必見可知)라.

산다목화지기(山多木火之氣)하고 수류금환지세(水流金環之勢)라. 혹출영재(或出英才)이나 기기불원(其氣不遠)하니 가석(可惜)이라."(산서요집(山書要集), P18)

상기 일행선사가 당 황제 휘종이 동국, 즉 고구려가 세력이 강성하여 언제 자기 나라를 쳐들어올지 몰라 위협을 느끼는 중 고명한 풍수사인 일행에게 부탁하여 동국이 망하게 하는 풍수법을 만든 것이 지금 우리나라에서 가장 많이 쓰는 88향법이다. 우선 2~3개월이면 배워 쉽게 사용할 수 있고 유명해지면 거금을 취재할 수 있기 때문에 많은 학파가 생겨나고 지금에 이르러 풍수학을 미신화하고 불신하게 만들어 화장과 납골 문화가 번창하는데 크게 공헌하였다. 좁은 국토의 우리나라 현실에 매장문화는 비현실적이다. 특히 호화 사치 분묘를 효도로 생각하는 졸부들의 행태는 많이 반성하여야 할 것이다. 이 글을 쓰는 것은 오랜 역사가 증명하듯 천 년 전부터 수많은 당쟁 올림픽의 "붉은악마" 뻑하면 대모, 촛불, 태극기부대 등 우리나라만 있는 빨리빨리 문화, 등등은 고쳐져야 할 부끄러운 현실이기에 제발 싸우지 않았으면 하는 바람이라 적어본다.

※ 도선국사가 일행은 참 나쁜 사람이라고 비판하였다고 한다. 88향법을 쓰면 안 되는 법이다.

⋮ 풍수의 역사와 본질

　자연의 변화에 적응하고 종족을 보전하기 위해 삶의 터전을 찾고 원시사회
에서 의식주 가운데 수렵생활과 농경사회에 필요한 터를 찾게 되어 자연스럽
게 풍수가 필요하게 되었다. 풍수의 역사는 지정학적으로 중국 풍수의 영향을
많이 받아 한(漢) 대의 『청오경』, 곽박의 『장경』, 장자미의 『옥수정경』 이상 세
분을 풍수 삼사(三師)라고 한다.

　동진 때의 곽박은 『주역전의대전』에 나오는 인물이다. 우리나라는 사상적 체
계를 갖춘 것은 신라 말 도선(호 옥룡자) 국사로부터 시작되어 조선 초기 무
학으로 맥을 이었고 맹사성(1360-1438), 서거정(1420-1488), 서경덕
(1489-1546), 남사고, 일이승, 성지, 송암 등 훌륭한 유학자는 물론 고승들로
맥을 이어와 국가의 정책 기조와 민생의 터전을 만드는 데 크게 기여하게 되
었다. 특히 조선 중엽의 '박상의' 선사의 흔적을 보면 풍수의 진면목을 알 수
있다.

■ 풍수의 본질

　풍수는 생기와 감응이 본질이다. 자연은 음양오행의 기가 발양하는 것에 따
라 바람, 안개, 비, 이슬이 되기도 한다. 이러한 기가 땅속으로 흐르면 생기가
된다. 이러한 기가 만물을 생하기도 하고 멸하기도 하는 만물의 생성을 주관
하는 주체이다. 감응이란 인간은 천지와 더불어 하나이며 같은 기를 머금고

있다는 것이다. 음양오행의 상태, 즉, 후박(厚薄), 소장(消長)에 따라 생성, 변화한다. 즉, 나무의 뿌리가 깊고 단단하면 가지와 열매가 풍성함과 같이 조상묘의 길흉을 동기감응의 법칙이라 한다. 따라서 목(木)기를 많이 받으면 어질고, 금(金)기가 많은 곳은 후손이 의롭고, 수(水)기를 많이 받으면 음탕해진다. 이러한 기를 받는 방법에는 직접 욕기(양택), 간접 욕기(음택) 등이 있다.

천(天), 지(地), 인(人)은 동기감응(同氣感應)이다.
기(氣)가 모이면 생기(生氣)가 되고, 흐트러지면 사기(死氣)가 된다.

> 부모 : 뿌리(본체)
>   => 뿌리가 길고 튼튼하면 가지가 번성하고 열매는 풍성하다.
> 자손 : 가지

만두형세(形) : 용(龍), 혈(穴), 사(砂), 수(水)
천성이기(法) : 생(生), 왕(旺), 패(敗), 절(絕)

오랜 인류 역사에서 인간이 살아남기 위하여 본능적으로 산과 물, 해가 뜨고 짐, 일조 시간, 토양의 성질, 계절에 따른 바람의 방향 등의 경험은 삶에 풍수를 이용했다는 것이다.

■ 학문체계

크게 둘로 나눈다. 형가(만두형세)는 형기이고 법가(천성이기)는 이기이다. 이 둘은 따로 독립되어 있으면서 둘이 아니다. 체와 용으로서 하나의 논리일 뿐 주종의 구별이 없다. 도기불상리(道器不相離). 즉, "몸과 정신이 하나이다" 라는 뜻이다. 동진 때 풍수 삼사로 알려진 '곽박'이 한 말이다.

■ 장서(葬書, 곽박 저)

원우생기(源于生氣) : 득양생(得養生)이 되어야 하고
파우미성(派于未盛) : 관란수는 욕대관수(浴帶冠水)가 되고
조이대왕(朝以大旺) : 당국(卽, 立向)에 왕궁(旺宮)이 되고
택우장쇠(澤于將衰) : 잠시 멈추는 것은 쇠궁(衰宮)이며
유우수사(流于囚死) : 파구(破口)는 쇠병사(衰病死)가 되어야 하니
이반불절(以反不絕) : 무정하게 직출(直出)하지 말고 연정을 못 잊어 되돌아
　　　　　　　　　　보면서 구불구불 흘러가야 한다.

※ 수(囚): 화국시(火局時)에 가을철(未申酉) 재궁(財宮, 金)
※ 사(死): 화국시(火局時)에 겨울철(戌亥子) 관살궁(官殺宮, 水)

■ 길(吉), 흉(凶)

　사람이 살기 좋은 곳은 산(山), 수(水), 풍(風) 등이 조화롭게 이루어져 보기에 위엄이 있고 빛깔이 밝고 안정감이 있고 흉한 곳은 굴곡, 기복, 경사가 심하고 지표면도 아름답지 못하고 습하여 잡초가 무성하고 흙의 색도 어둡다. 또한, 물은 맑고 깨끗하여 흐름은 완만하며 생수를 좋은 것으로 친다. 바람은 잔잔하고 따듯하면 길하고 강하고 차가운 직풍은 흉하다.
　흙과 돌은 윤기가 있으며 단정한 것이 좋고 빛깔이 탁하거나 자갈과 모래가 섞이면 흉이다. 흙의 색깔이나 종류에 집착하는 지사가 많은데 자신이 없다는 증거이다. 홍(紅), 황(黃), 자윤(滋潤)하면 길하다.

■ 덕목

　본 학문은 마음씨가 바른 사람에게 전수하여 모든 사람에게 이롭게 할 수 있으나 그렇지 않으면 남의 재물을 탐내는 사기꾼을 만들기 쉽다. 따라서 꼭

가르쳐야 할 사람에게 전수하여야 한다.

　풍수사는 정통성 있는 정법만 전수받아야 한다. 많은 풍수 서책이 있으나 대부분 88향법의 내용으로 배우기 쉽고 쓰기 쉬우나 자연의 이치로 만들어진 정통 풍수법과는 거리가 멀다.

　더욱 한심한 것은 풍수와 상관도 없는 '추'나 L-로드로, 풍수는 과학이라고 현혹하는 풍수사라고 자칭하는 사람이 많은 현실이 안타깝다. 따라서 군자득차(君子得此)면, 구민(求民), 제민(濟民)이고, 소인득차(小人得此)면 사인(詐人) 취재(取財)한다.
　또한 풍수사는 "목력(目力), 각력(脚力), 공력(工力)"이 있어야 하고 특히 마음을 잘 다스려야 한다. 많은 풍수사들이 이재(利財)에 눈이 어두우면 정작 본질인 혈(穴)은 보이지 않는다.

⋮ 우리나라의 풍수 학파

■ 기감학파

추나 L-로드, 기를 느낌으로 안다고 하는 학파이다. 우리나라에서 가장 많은 수를 차지하고 있다. 그러나 풍수학이 아니다.

수맥은 찾을 수 있을지 모르지만, 중요한 바람(風)은 엘로드나 추로 감지할 수 없고 더더욱 혈(穴)을 찾는다는 것은 불가능하다, 10년 이상 공부해도 어렵기 때문이다.

■ 88향학파

88향법만을 사용하는 학파이다. 풍수의 '용, 혈, 사, 수' 중 사, 수만 보고, 용을 보지 않는 학파이다. 기감학파와 더불어 많은 수를 차지하고 있다.

당나라의 휘종 황제가 변방의 동이족이 너무 강성해 위기감을 느껴 일행선사에게 동이족의 힘을 약화시키는 풍수법을 만들어 보급시키라는 명을 받고 만든법이라, 멸만경(滅蠻經)이라고 한다.

이 법은 후룡을 보지 않고 물과 사만 보고 입향하는 법이라 중요한 龍과 穴을 보지 않은 간이법이라 할 수 있는데 가장 중요한 것은 발복이 없거나 오래가지 않는다. 다만 긴박한 상황이나 어쩔 수 없는 경우에나 쓰는 최하등의 기법이다.

■ 현공학파

풍수의 시간과 공간 중 시간만을 따지는 학파이다.

홍콩, 대만에서 주류를 차지하고 있으며 우리나라에는 그렇게 많지 않다.

■ 이수학파

저자가 속해 있는 학파로, 조선 말엽에 전국의 고명한 풍수사들이 금강산에 모여 천성이기를 단일화하여 내려온 학파이다. 형기론은 각 학파가 동일하나 천성이기론은 많이 다르다.

⋮ 동양각국의 장묘문화

풍수학의 발상지 중국은 고대로부터 주역이란 학문에서 파생된 명리, 풍수 등 동양철학 사상이 오랜 세월 내려오다 진시황제 때 분서갱유와 근세 모택동 시대에 이르러 유학사상이 중국 발전의 적이라며 공자 묘의 비석도 파괴하는 등 제2의 분서갱유로 인하여 풍수학의 잔재를 알 수 없다. 그러나 매장문화이다.

섬나라 일본은 전 국토가 화장문화로 마을 주변에 검정 비석으로 단정하게 꾸며져 있다. 다만, 음택풍수에 비해 비교적 쉬운 양택풍수는 성황리에 발전하여 풍수사의 감정서가 있으면 주택 가격이 더 비싸다고 한다.

태국, 베트남, 캄보디아 등의 동남아 열대 지방은 거의 대부분이 화장문화이다. 불교국가이기 때문이다. 하지만 풍수학이 있는지는 알 수 없다.

필리핀의 장묘문화는 특이하다. 깨끗하게 잘 정리된 공원에 부유층은 우리의 단독주택 1~2층에 관을 놓아두는 가족묘역이고, 경제력이 부족한 사람은 시멘트 관에 나무관을 넣어 지상에 순서대로 놓아두는 방식이다. 땅속에 석회 성분이 많아 시신이 썩지 않고 손톱, 머리카락이 길어진다고 해서 땅 위에 놓아둔다고 한다.

대만, 홍콩은 국토가 너무 좁고 산업이나 경제가 동양에서 최고도로 발달된

지역이다. 그래서인지 매장 문화이면서 풍수는 현공풍수가 대세를 이룬다.

　호주, 뉴질랜드는 매장문화이고 특히 뉴질랜드는 집안 바로 옆에 매장하는데 죽어서도 가족과 같은 공간에 머물고 있는 개념이다. 풍수학은 없는 것 같다.

　터키는 풍수학의 유무는 알 수 없지만, 매장문화이고 마을 한가운데에 공원 묘지를 만들거나 아니면 마을 입구, 혹은 마을 주변에 질서정연하고 아름다운 꽃동산의 묘지문화는 보기 좋은 기억으로 남아 있다.

풍수사가 되려면

① 정통성 있는 선생을 찾아 꾸준하고 열심히 공부하여야 한다. (擇師)

대부분의 사람들이 88향이라는 풍수학을 배워서 또 다른 5명의 선생에게 배워야 개안할 수 있다고 이 학원 저 선생을 찾아 전전하는 것을 보았는데 모두 부질없는 짓이라 생각한다.

힘들고 어려워도 첫 입문, 택사(擇師)가 매우 중요하다. 오랜 세월, 고치고 다듬어서 만들어진 학문을 또 우주 자연의 이치와 신의 영역인 명당을 어찌 그리 쉽게 몇 개월 몇 년에 터득할 수 있겠는가?

현재 한국 풍수학의 현실이 88향법이 대세이고 이분들이 또 국적 불명의 L-로드에 심취한 것을 보면 88향법이 맞지 않아 그러지 않나 생각해본다.

주로 88향법만을 오래 배우신 분이 본 이수학회의 학문을 배워도 먼저 자리 잡은 88향법 때문에 고생을 많이 하는 선후배를 보았고 결국에는 88향법을 쓰게 되니 첫 입문이 매우 중요하다.

② 많은 명당만을 골라 공부하여야 한다. (多看先跡)

오랜 세월이 흘러 검증된 명당이 내가 배운 것과 맞는지 점검해보는 것이 중요하다. 필자의 스승님은 약 15년 동안 명당이 아닌 곳은 단 한자리도 데리고 가본 일이 없을 만큼 눈을 익히는 데 필수적이다.

③ 마음의 정화에 힘쓰라. (淨心)

　혈이란 마음의 눈으로만 찾을 수 있는 현묘한 것이다. 신령이 만들어 놓은 혈을 찾기란 매우 어렵다. 따라서 공식에 충실하여 하나하나 점검하여 결정한다. 먼저 멀리서 망산하고 형세를 보아 혈을 찾고 수사(收砂), 납수(納水)하고 이기로는 天(시간), 地(공간), 人(무엇)으로 점검하여 좌, 향, 득, 파를 결정한다.

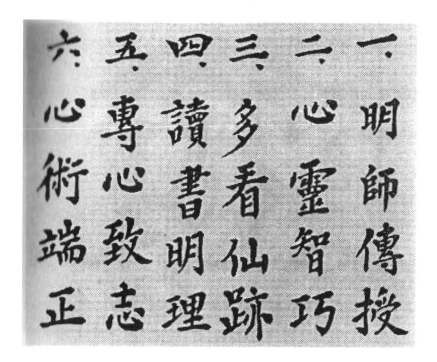

一. 明師傳授
二. 心靈智巧
三. 多看仙跡
四. 讀書明理
五. 專心致志
六. 心術端正

⋮ 음양오행

풍수는 음양이다. 풍(風)은 천기(天氣), 양이고 수(水)는 지기(地氣), 음이다. 따라서 우주 만물이 음양이 아닌 것이 없다. 여기에서 오행이 생겨난다.

천(天) = 양(陽) = 정(正), 원(圓), 동(動) = 三(홀수) = 웅(雄) = 고(高)
지(地) = 음(陰) = 첨(尖), 방(方), 정(靜) = 二(짝수) = 자(雌) = 저(低)

음양오행은 형이상학적인 것이고 풍수학은 이것에서부터 발생한 학문이라 할 것이다. 따라서 풍수학의 핵심인 형기, 즉, 용, 혈, 사, 수의 음과 양의 짝 지음과 생기를 이기, 즉 산의 움직임의 방향(정신)을 보는 것이다. 산의 높고 험한 곳은 음이고, 낮고 평평한 곳은 양이 되고, 또 경사가 급하고 뾰족하고 좁은 것은 음이 되고 경사가 완만하고 평평하고 넓은 것은 양이다. 그러나 음과 양은 절대적인 것이 아니고 상대적이라 언제나 변할 수 있다는 점을 유의해야 한다.

풍수(음양)에서 꼭 필요한 것이 자연의 운행질서, 우주의 근본원리를 알아야 한다. 흔히들 주거 공간을 이야기할 때 남향을 많은 사람들이 선호한다. 그것은 겨울에 북쪽의 찬바람(살풍)이 서북쪽에서 불어오고 더운 여름엔 시원한 바람(동남풍)이 남쪽에서 불어와 그곳에서 사는 사람의 건강과 삶의 질이 좋아질 수 있기 때문이다. 그러므로 천성이기는 꼭 알아야 할 풍수사의 필수 덕목이다. 형기만 알면 "작대기 풍수"이고 이기만 알면 "방안풍수"라는 옛말이 있다. 흔히 풍수는 산의 생김새만 보는 것으로 알고 있고 작금의 풍수 대부분이 "포태법"과 88향으로 이것이 최고인 양 다른 학파는 무시하고 인정치 않은 것이 풍수학계의 현실이다. 또 우리 선조들이나 세계 어디서도 볼 수 없는 "L-로드", "추", "기감"이란 묘한 학파가 과학이란 명분으로 세인의 관심을 사는 현실이 너무나 안타깝다.

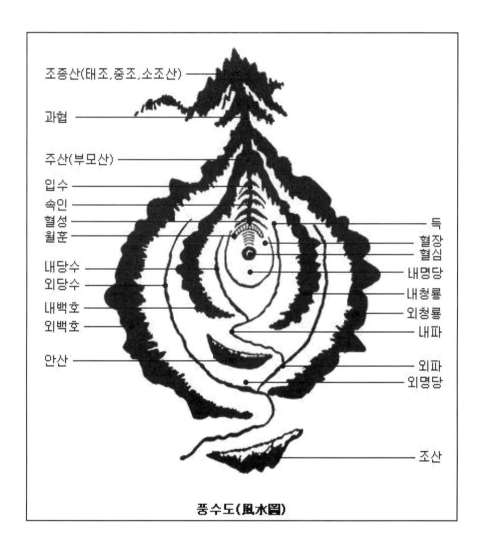

조종산(태조,중조,소조산)
과협
주산(부모산)
입수
속인
혈성
월훈
내당수
외당수
내백호
외백호
안산

득
혈장
혈심
내명당
내청룡
외청룡
내파

외파
외명당

조산

풍수도(風水圖)

그러나 동양철학에는 심오한 자연과학이 들어있다. 따라서 주역 공부는 필수적이다. 흔히 중국 풍수라고 폄훼하는데 우주의 삼라만상을 64괘라는 틀 속

23

에 묶어서 상호 보완작용을 하고 기의 작용에 따라 하늘과 땅의 형상을 바뀌게 하는 엄청난 에너지가 교감작용을 끊임없이 되풀이하는 것을 도(道)라 한다. 특히, 풍수를 연구한다면 주역의 선천 8괘와 후천 8괘, 정음정양은 필수적으로 알아야 한다. 풍수, 즉 자연, 음양을 연구하는 사람이 주역의 8괘를 모르는 것은 곧 자연을 모르는 것과 같은 이치이다.

역의 근간인 태극, 양의, 사상, 8괘, 64괘 중에 생성과정인 태극과 분화과정인 64괘는 너무 심오하고 어려워 본 과정에서는 생략하고 4상 8괘만 설명키로 한다. 태극이 변하여 양의가 생기는데 색은 잘 아시다시피 태극기의 적색과 청색이고 부호로는 양(━), 음(╌)이다. 다시 "일매생이" 한 것이 태양(⚌), 소음(⚍)이고 태음(⚏), 소양(⚎)으로 분화한 것이다. 이것이 마치 하늘의 '일월성신', 땅의 '산천초목', 사람의 '이목구비'로 天, 地, 人 사상의 이치이다.

위 사상괘의 성질을 설명하자면
태양(太陽), (⚌) : 견실, 강건, 진취, 여름, 낮이다.
태음(太陰), (⚏) : 공허, 유순, 포용, 겨울, 밤이다.
소양(少陽), (⚎) : 내실외허, 생장, 봄, 아침이다.
소음(少陰), (⚍) : 내허외실, 수렴, 가을, 저녁이다.

태극이 양의, 양의가 변하여 사상, 사상이 변하여 팔괘가 되는데 이것을 삼변성도 또는 "삼재의 법칙"이라 하는데 삼재(三才)란 천(天), 지(地), 인(人), 즉 양성자, 음성자, 중성자로 만물을 삼재에 대입한다. 즉, 우주(天)와 땅(地), 공간의 동식물(人) 등이다.

팔괘(八卦)의 생성(生成)

역(逆) 음(陰)				순(順) 양(陽)			
坤三絕	艮上連	坎中連	巽下絕	震下連	離虛中	兌上絕	乾三連
☷	☶	☵	☴	☳	☲	☱	☰
⚏		⚎		⚍		⚌	
▬▬(양극음생)				━(음극양생)			

정굴왕(靜屈往) 음의(陰儀) 태극(太極) 양의(陽儀) 동신래(動伸來)

음과 양의 구별

양(陽) = 형이상(形而上) = 시간(時間) = 무(無) = 외(外) = 이(理) = 기(奇)
　　 = 낮 = 정신(精神) = 좌(左) = 강(剛) = 체(體)

음(陰) = 형이하(形而下) = 공간(空間) = 유(有) = 내(內) = 기(氣) = 우(隅)
　　 = 밤 = 물질(物質) = 우(右) = 유(柔) = 용(用)

※ 세상의 모든 동식물은 음포자(陰胞子)가 양포자(陽胞子)를 감싸고 있다.

하락이수(河洛理數)

중국의 황하강, 즉 하수(河水)에서 나온 용마(龍馬)의 등에 그림이 있었다고 하는데 55개의 점과 무늬를 복희씨가 천지자연의 이치를 이 그림에 대입하여

8괘를 그렸다고 한다. 그러나 누가 창안했는지 복희씨가 실존인물인지 알 수 없으며 용이라는 상징으로 하늘을 삼고 말이라는 동물로 형이하학적인 땅을 삼아, 용마라고 표현한 것으로 본다. 즉, 형이상학적인 용과 천지를 말한 것이다.

하(河)	용마(龍馬)	선천(先天)	천(天)	1, 3, 5	천삼(天三)
락(洛)	신구(神龜)	후천(後天)	지(地)	2, 4	지양(地兩)

동양철학의 뿌리인 음양오행과 10간 12지, 하도와 낙서 등은 누가 언제 만들었는지 궁금하지만, 이것 또한 자연의 변화를 오랜 세월 연구하여 정립한 것으로 보인다. 사서삼경 중 하나인 서경이 가장 오래된 책으로 요, 순, 우 시대 중 요 임금 때 음역을 사용하여 윤달이 기록되었다고 하고, 천문을 다루는 책임자 사력(司曆)를 두어 국가 통치의 기틀을 삼았다고 한다.

B.C 2637년 12간지와 60갑자가 전해온다고 하는데 황하에서 용마가 나와 등허리에 있는 그림이 하도이고 신령스런 거북이의 등에 있는 그림이 낙서이다. 하도의 도(圖)와 낙서의 서(書)를 합하여 오늘날 도서관이란 명칭이 생겨났다고 한다. 그러나 하도와 낙서의 지은이와 시기는 불명이나 북송 때의 소강절 선생이 하도와 낙서를 정리하고 상수학을 만든 것으로 전해오며 또 춘추시대에 하도와 낙서가 나오고 당 때 762년 이정조 선생의 상수역에도 하도낙서가 출현한다.

십간(十干)의 의미
갑(甲) : 나무 재배
을(乙) : 벌목
병(丙) : 자연적인 화(火)
정(丁) : 인공적인 화(火)

무(戊) : 흙

기(己) : 흙으로 만든 그릇

경(庚) : 금속

신(辛) : 대장장이

임(壬) : 흐르는 물

계(癸) : 고인 물 등으로 구분한다.

※ 낙서는 우임금 때의 기록이 있다고 하며 9라는 숫자도 이때 등장한 것이라 한다.

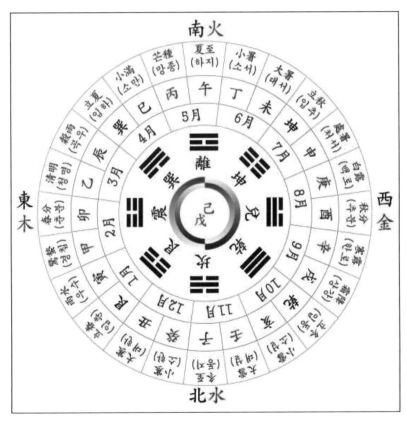

후천팔괘와 24방위도

■ 복희팔괘(선천)

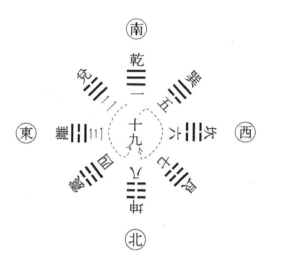

1. 건천(乾天)
2. 태택(兌澤)
3. 이화(離火)
4. 진뇌(震雷)
5. 손풍(巽風)
6. 감수(坎水)
7. 간산(艮山)
8. 곤지(坤地)

■ 문왕팔괘(후천)

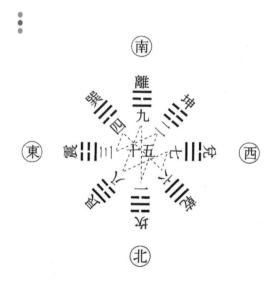

■ 팔괘(八卦)의 상과 명칭

건삼련(乾三連) 天 = ☰ (老父), 강함(剛)

태상절(兌上絕) 澤 = ☱ (少女), 기쁨

이허중(離虛中) 火 = ☲ (中女), 걸림

진하련(震下連) 雷 = ☳ (長男), 나아감

손하절(巽下絕) 風 = ☴ (長女), 들어감

감중련(坎中連) 水 = ☵ (中男), 나옴

간상련(艮上連) 山 = ☶ (少男), 그침

곤삼절(坤三絕) 地 = ☷ (老母), 유함(柔)

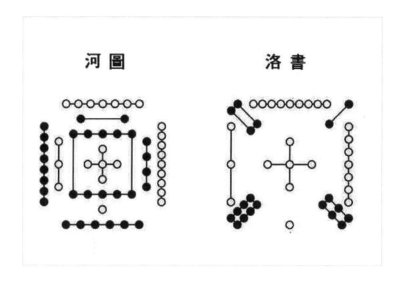

고(古)태극도(太極圖)

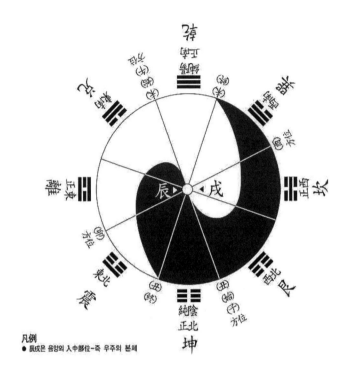

凡例
● 辰戌은 음양의 入中部位-즉 우주의 본체

■ 괘의 상징

괘	가족관계	신체	장기	대충궁
건(乾)	노부(老父)	머리	폐, 대장	곤(坤)
곤(坤)	노모(老母)	배	비, 위	건(乾)
감(坎)	중남(中男)	귀	신장, 방광	이(離)
이(離)	중녀(中女)	눈	심장	감(坎)
진(震)	장남(長男)	발	간, 담	손(巽)
손(巽)	장녀(長女)	다리	간, 담	진(震)
간(艮)	소남(小男)	손	비, 위	태(兌)
태(兌)	소녀(小女)	입	폐, 대장	간(艮)

■ 괘의 변화

대성괘를 보는 법에는 지괘(之卦), 호괘(互卦), 배합괘(配合卦), 착종괘(錯綜卦), 도전괘(倒轉卦) 등이 있다.

① 지괘(之卦): 각 효가 움직여 앞으로 진행되는 과정을 본다.
② 호괘(互卦): 초효와 상효를 떼어 버리고 2, 3, 4효로만 하괘를 만들고 3, 4, 5효로 상괘를 만들어 성격과 재질을 본다.
③ 배합괘(配合卦): 6개의 효를 반대로 바꾸어 변화를 판단한다.
③ 착종괘(錯綜卦): 상괘와 하괘를 그대로 바꾸어서 본다.
⑤ 도전괘(倒轉卦): 괘 전체를 뒤집어서 달라지는 변화를 본다.
  대성괘 64괘 중 부도전괘가 8개이고, 도전괘가 28 괘이다.

⦙ 선후천팔괘(先後天八卦)의 이용(利用)

선천팔괘(先天八卦)

건(乾), 곤(坤) : 천지정위(天地定位)

진(震), 손(巽) : 뇌풍상박(雷風相博), 음살(陰殺)

감(坎), 이(離) : 수화불상사(水火不相射), 기제(既濟)

간(艮), 태(兌) : 산택통기(山澤通氣)

※ 건곤(乾坤)은 음양(陰陽)의 체(體), 감리(坎離)는 음양의 용(用)

후천팔괘(後天八卦)

춘하추동(春夏秋冬)의 법칙(法則)이라고도 하며 괘의 위치를 보면 진(震 = 春)에서 시작, 손(巽)을 거쳐 이(離), 곤(坤), 태(兌), 건(乾), 감(坎) 간(艮)에서 끝나 일세유행(一歲流行)의 도이다.

또한 괘의 순서는 낙서의 구궁수와 같이 하며 인사적인 조화를 이루어서 낮에는 음괘인 손(巽), 이(離), 곤(坤), 태(兌)이고, 북동쪽에는 양괘인 건(乾), 감(坎), 간(艮), 진(震)이 배치되어 있다. 음양이 서로 교통하고 남녀 상합하는 이치가 있다. 감리(坎離)로서 선천괘의 건곤(乾坤)의 자리, 즉 남북에 자리함은 음양중정으로 전체의 기준을 삼았다.

4 손(巽)	9 이(離)	2 곤(坤)
3 진(震)	5	7 태(兌)
8 간(艮)	1 감(坎)	6 건(乾)

유전(流轉)의 의(義)

인사(人事)의 의(義)

후천봉천시(後天奉天時), 명(命)

■ 팔괘 음양소장 시

건우손(乾遇巽) 시 간월궁(看月宮) (陰)

곤봉뇌처(坤逢雷處) 견천근(見天根) (陽)

=〉 생생불이(生生不己)

천근월굴(天根月屈) 한왕래(閒往來)

삼십육궁(三十六宮) 도시춘(都是春) (生)

천도(天道)는 원(元), 형(亨), 이(利), 정(貞)이고, 사덕(四德)이다.

지도(地道)는 생(生), 장(長), 수(收), 장(藏)이고, 사시(四時)이다.

인도(人道)는 인(仁), 의(義), 예(禮), 지(智)이고, 사단(四端)이다.

■ 역(易)과 력(曆)

연(年)이 전후반(전 子 −〉 巳, 후 午 −〉 亥)으로 크게 나누어짐은 양의의 원리이고 4시(춘, 하, 추, 동)로 나뉘는 이치는 양의에서 4상으로 나뉘는 원리이다. 다시 8절로(동지, 하지, 춘분, 추분, 입춘, 입하, 입추, 입동) 기본 절기를 이루는 것은 사상에서 8괘로 분화하는 이치이다.

다시 말하면 1년 360일은 4시 8절, 24절기 72후이니 각 계절은 90일, 절은 45일, 절기는 15일, 후는 5일씩이니 역의 원리와 때의 변화가 일치한다.

⋮ 생성(生成)의 법칙(法則)

생장수장(生長收藏)
춘하추동(春夏秋冬)
생로병사(生老病死)

구분	십간(十干)		십이지(十二支)	
춘(春)	갑(甲)	갑(匣)	자(子)	잉(孕)
	을(乙)	알(軋)	축(丑)	유(紐)
하(夏)	병(丙)	병(炳)	인(寅)	연(演)
	정(丁)	장정(壯丁)	묘(卯)	무(茂)
토(土)	무(戊)	무(茂)	진(辰)	진(振)
	기(己)	기(起)	사(巳)	기(起)
추(秋)	경(庚)	경(更)	오(午)	역(逆)
	신(申)	신(新)	미(未)	미(味)
동(冬)	임(壬)	임(姙)	신(申)	신(身)
	계(癸)	규(揆)	유(酉)	수(緧)
			술(戌)	멸(滅)
			해(亥)	효(効)

⋮각종 오행

   풍수학에서 꼭 필요한 오행이 정오행, 쌍산오행, 삼합오행, 칠정오행, 팔괘
오행, 납음오행 등이 있다. 그 밖에도 홍범오행 등이 있으나 생략한다.

1. 정오행

	목(木)	화(火)	금(金)	수(水)	토(土)
간(干)	甲乙	丙丁	庚辛	壬癸	
지(支)	寅卯	巳午	申酉	亥子	辰戌丑未
질(質)	陽陰	陽陰	陽陰	陽陰	
	柔	熱	剛	寒	

※ 나경의 乾은 金, 坤은 土, 艮도 土, 巽은 木
정오행은 오행의 근본이요. 생극(生剋)과 격룡(格龍), 정음정양(淨陰淨陽), 후
룡전변(後龍轉變), 입향(立向), 소납(消納)에 쓰이며 정침(正針)을 사용한다.

2. 쌍산삼합오행
해묘미 건갑정 - 木
인오술 간병신 - 火
사유축 손경계 - 金
신자진 곤임을 - 水

3. 납음오행

▲ 납음오행 육십갑자표

갑자(甲子) 을축(乙丑)	해중금 (海中金)	병인(丙寅) 정묘(丁卯)	노중화 (爐中火)	무진(戊辰) 기사(己巳)	대림목 (大林木)
경오(庚午) 신미(辛未)	로방토 (路傍土)	임신(壬申) 계유(癸酉)	검봉금 (劍鋒金)	갑술(甲戌) 을해(乙亥)	산두화 (山頭火)
병자(丙子) 정축(丁丑)	간하수 (澗下水)	무인(戊寅) 기묘(己卯)	성두토 (城頭土)	경진(庚辰) 신사(辛巳)	백랍금 (白蠟金)
임오(壬午) 계미(癸未)	양류목 (楊柳木)	갑신(甲申) 을유(乙酉)	천중수 (泉中水)	병술(丙戌) 정해(丁亥)	옥상토 (屋上土)
무자(戊子) 기축(己丑)	벽력화 (霹靂火)	경인(庚寅) 신묘(辛卯)	송백목 (松柏木)	임진(壬辰) 계사(癸巳)	장류수 (長流水)
갑오(甲午) 을미(乙未)	시중금 (砂中金)	병신(丙申) 정유(丁酉)	산하화 (山下火)	무술(戊戌) 기해(己亥)	평지목 (平地木)
경자(庚子) 신축(辛丑)	벽상토 (壁上土)	임인(壬寅) 계묘(癸卯)	금박금 (金箔金)	갑진(甲辰) 을사(乙巳)	복등화 (覆燈火)
병오(丙午) 정미(丁未)	천하수 (天河水)	무신(戊申) 기유(己酉)	대역토 (大驛土)	경술(庚戌) 신해(辛亥)	차천금 (釵釧金)
임자(壬子) 계축(癸丑)	상자목 (桑柘木)	갑인(甲寅) 을묘(乙卯)	대계수 (大溪水)	병진(丙辰) 정사(丁巳)	시중토 (沙中土)
무오(戊午) 기미(己未)	천상화 (天上火)	경신(庚申) 신유(辛酉)	석류목 (石榴木)	임술(壬戌) 계해(癸亥)	대해수 (大海水)

4. 팔괘오행

坎(子癸申辰) - 水

離(午壬寅戌) - 火

震(卯庚亥未) - 木

兌(酉丁巳丑) - 金

또, 乾甲은 金, 坤乙, 艮丙은 土이다.

※ 納甲: 干은 10이고, 卦는 8이다.

陽壬은 乾에, 陰癸는 坤에 배속(配屬)시킨다.

5. 칠정오행

건곤간손(乾坤艮巽) - 木

진술축미(辰戌丑未) - 金

을신정계(乙辛丁癸) - 土

자오묘유(子午卯酉) - 火

갑경병임(甲庚丙壬) - 火

인신사해(寅申巳亥) - 水

칠정오행은 나경 인반중침으로 보고 천성귀천을 본다.

암기할 때는, 건갑임(乾甲壬), 곤을계(坤乙癸), 간병(艮丙), 손신(巽辛), 감계신진(坎癸申辰), 이임인술(離壬寅戌), 진경해미(震庚亥未), 태정사축(兌丁巳丑)이라고 외우면 쉽다.

풍수학을 공부하려면 약간의 명리학을 꼭 알아두어야 한다.

명은 천명이고 운은 개선을 위한 노력이다. 이 둘을 합하여 운명이라고 한다.

<u>오행의 생과 극</u>

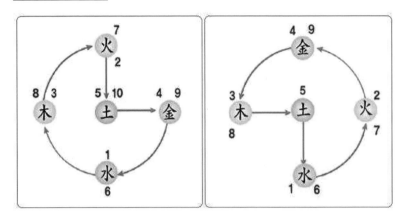

※ 상생은 시계 방향으로 순생한다.

※ 상극은 시계 방향 격 1궁이다. 생을 위한 극(克)이다.

■ **지지합충법(地支合沖法), 육합(六合)**

오(午)	미(未)	천(天)
사(巳)	신(申)	동(冬)
진(辰)	유(酉)	추(秋)
묘(卯)	술(戌)	하(夏)
인(寅)	해(亥)	춘(春)
축(丑)	자(子)	지(地)

1. 6번째 음지(陰支)와 양지(陽支)가 합

2. 지구의 자전과 공전으로 이루어지는데, 태양은 좌선하고 태음은 우선하면서 두 개의 톱니가 맞물리는 방식으로 합이 이루어진다.

■ 칠충(七沖)

(水) 子　午 (火)

(土) 丑　未 (土) – 붕충(朋沖)

(木) 寅　申 (金)

(木) 卯　酉 (金)

(土) 辰　戌 (土) – 붕충(朋沖)

(火) 巳　亥 (水)

※ 충(沖)을 받으면 공멸(共滅)한다.

■ 방합(方合)

동방(東方)　인묘진(寅卯辰)　목국(木局) 춘(春) 생(生)

서방(西方)　신유술(申酉戌)　금국(金局) 추(秋) 멸(滅)

남방(南方)　사오미(巳午未)　화국(火局)

북방(北方)　해자축(亥子丑)　수국(水局)

　　　　　　수요미(首腰尾)

24절기와 나경의 배치

월별	전절(前節)	나경	중기(中氣)	나경
正月	입춘	간(艮)	우수	인(寅)
二月	경칩	갑(甲)	춘분	묘(卯)
三月	청명	을(乙)	곡우	진(辰)
四月	입하	손(巽)	소망	새(巳)
五月	망종	병(丙)	하지	오(午)
六月	소서	정(丁)	대서	미(未)
七月	입추	곤(坤)	처서	신(申)
八月	백로	경(庚)	추분	유(酉)
九月	한로	신(辛)	상강	술(戊)
十月	입동	건(乾)	소설	해(亥)
十一月	대설	임(壬)	동지	재(子)
十二月	소한	계(癸)	대한	축(丑)

⋮ 간룡(看龍)

풍수에서 용(龍)이라 함은 열매를 맺을 수 있는 줄기를 말한다.

그러기 위해서는,

① 강유(剛柔) : 질적으로 강(剛)인 도봉산 인수봉, 유(柔)인 북악산, 창덕궁
   후산

② 동정(動靜) : 생사호흡(生死呼吸)

③ 취산(聚山) : 집중(集中), 인왕산, 낙산, 남산

④ 향배(向背) : 포정배(抱正背), 유무정(有無情)

⑤ 강약(强弱) : 품기, 건강 유무

⑥ 내거(來去) : 순역(順逆)

산의 구분은 태조, 소조, 부모산으로 구분하며 특히 소조산이 혈의 성정과
품격, 장단, 미악, 음양 (와, 겸, 유, 돌) 등을 볼 수 있어 매우 중요하다.

■ 입수(入首)

광의(廣意)의 입수(入首)는 소조낙맥(少祖落脉) 혈성후(穴星后) 2~3개의 입
수(入首).

협의(挾意)의 입수(入首)는 부모산(父母山)에서 혈(穴)까지 연결되는 부분.

※ 용입수(龍入首), 혈입수(穴入首)

용세와 지각이 올바르고 생동감이 있어 대, 병, 장, 왕자, 전상, 비아, 개자 등으로 용을 호종하면 아름다운 혈이다.

강유(剛柔)

산을 질적 측면에서 구분하는 법인데, 용은 강해야 하고 맥(脉)은 부드러워야 좋다. 나무의 묵은 가지는 강에 비유하고 새로 나온 가지는 부드러움과 같은 이치이다.

동정(動靜)

기가 움직이면 동하고 고요하면 무엇을 만들려는 상태이다. 따라서 용은 힘차게 움직여야(動) 하고 혈(穴)은 고요해야(靜) 좋다.

취산(聚散)

이 산 저 산이 감싸면 취(聚)의 모양이고 반대로 감싸지 않고 바람을 막지 못하고 기와 물이 흩어지면 산(散)이다.

포(胞), 정(正), 배(背)

정이 있느냐 없느냐의 구분이다. 정이 있으면 기가 머물고 없으면 기도 멈추지 않는다. 포(胞)는 주변의 모든 산들이 혈(穴)을 향해 감싸는 것을 말하고 정(正)은 앞의 포도 아니고 배반도 아닌 중립적인 상태를 말하고 배(背)란 감싸지 않고 등을 돌리는 것이다. 잘 살펴야 하는 풍수사의 자격 요건이다. 즉, 유정, 무정, 배신의 구분이다.

강약(强弱), 내거(來去), 취사(聚捨)

강약은 건강한가, 약질인가를 보고 내거는 용의 오고 감, 순역을 보고 취사는 좋은 용은 취하고 죽은 용은 버리는 것이다.

⦂ 우리나라 대소(大小) 산맥

태조, 소조산도

소조산

주산이라고도 하며 혈을 주관하는 주인 격이다. 태조산을 떠난 각 지룡은 결혈처가 가까워지면 홀연히 산봉우리를 만들어 5절 내에 혈을 맺는다. 좋은 자리는 소조산 아래 2~3절에서 혈을 맺으면 좋다.

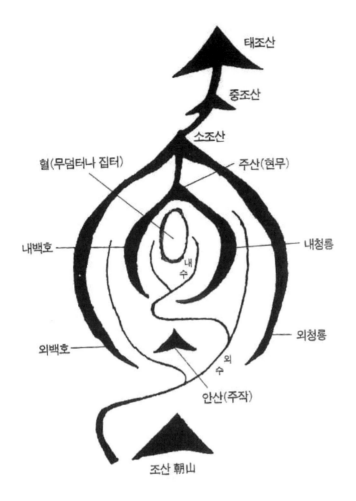

태조산

중조산

소조산

혈(무덤터나 집터)

주산(현무)

내백호

내청룡

내
수

외백호

외청룡

외
수

안산(주작)

조산 朝山

부모산

　혈성 뒤 제1절의 산봉우리가 부모산이다. 그곳에서 낙맥한 것이 태(胎)이고 그 아래 속기처가 식(息)이고 그 아래 약간의 봉우리가 현무정이고 잉(孕)이고 혈장을 육(育)이라고도 한다.

⦂ 지각요도

용의 흐름을 맞추어주고 부축하여 방향전환을 도와주고 바람과 물로부터 본 신용을 보호하는 반면, 용의 기운을 설기시키는 약점도 있다. 다만 요성이 없으면 발복이 장구(長久)하지 못한다.

지각요도의 종류는 오동지(梧桐枝), 작약지(芍藥枝), 염가지(簾葭枝) 등은 길상이고, 오공지(蜈蚣枝), 양유지(楊柳枝)는 지각이 짧고 편고되어 좋지 않다.

■ **지각 요도의 종류**

枝脚貴格

梧桐枝(吉)

芍葯枝(吉)

簾蕟枝(吉)

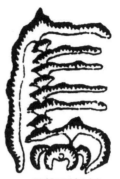
捲簾殿試(吉)

枝脚短(凶)

（蜈蚣枝）

偏枯(凶)

（楊柳枝）

無枝脚(凶)

長短不均(凶)

美惡不均(凶)

47

⋮ 산의 성정(性情)

용(龍)의 성질은 취산(聚散)이고 정(情)은 포(胞), 정(正), 배(背)이다. 방정(傍正), 노눈(老嫩), 장단(長短), 행지(行止), 분벽(分劈), 포배(抱背), 빈주(賓主), 여기(餘氣) 등을 분별한다.

방정(傍正)

주종(主從)을 말하고 거중(居中), 택기특달(澤起特達)이나 주위의 산들과 비교해 특이한 산을 말한다. 특히 거중(居中)은 항상 잊어서는 안된다.

노눈(老嫩)

용의 생육능력을 분별하는 기준이다. 사람에 비유하면 출산 능력을 판별하는 것과 같이 산도 젊은 새 가지에 혈을 맺는 이치이다.

장단(長短)

용이 길면 운이 오래가고 짧으면 빨리 끝나는 것을 판단한다.

여기(餘氣)

큰 자리는, 대부분 요중락(腰中落)이 많다. 여기 산은 전호, 하수사, 관귀금요, 순전 등이다.

관귀금요란?

관(官) : 정면에서 혈을 바라보는 산(前山余氣). 이것이 있어야 벼슬을 할 수 있다.

　귀(鬼) : 뒤를 받쳐주는 산(后山余氣). 이것이 없으면 오래가지 못한다.

　(예: 평창동)

　금(禽) : 수구(水口)에 있는 여기산.

　(예: 여의도, 물 흐름을 완만하게 하는 산)

　요(曜) : 용(龍), 혈(穴) 좌우에 있는 여기산(余氣山)

삼락(三落)

　초락(初) : 운이 짧고, 흠이 많다.

　중락(中) : 요중락(腰中落)이라고 하여 대지(大地)가 많다.

　말락(末) : 기운이 약하다.

　미기락(未起落) : 역시 기운이 약하다.

개장(開障)

"산불개장(山不開障)이면 용불서(龍不抾)다."

　우리나라 풍수의 비조이신 도선국사님의 말씀이다. 개장하여 중앙에서 출맥하는 용이라야 혈(穴)을 맺는다.

　사루하전(辭樓下殿) : 망루 및 평평한 곳.

　오성취강(五星聚講) : 오행(五行)의 가운데 토(土)를 중심으로 모인 것

　칠성연반(七星連班) : 북두칠성처럼 옹기종기 모여 있는 것.

　지무십전(地無十全) : 모든 명당은 완전한 곳이 없다.

　　　　　　　　　즉, 흠이 없는 명당은 없다는 뜻이다.

박환(剝換)

　박(剝) : 조경(粗更), 유눈(柔嫩), 질(質)

　환(換) : 금(金), 수토(水土), 목화형(木火形)

큰 산에서 평지로 내려오면서 용의 탈바꿈이 있어야 사나움에서 부드러움, 흉에서 길로 변하는 조화의 묘미를 알 수 있다.

과협(過峽)

간룡하는데 매우 중요한 과목이다. 용혈(龍穴)의 진정(眞情) 발현처(發顯處)이다. 특히 공협과 영송사를 꼭 확인해야 하고 영송과 공협이 없으면 과협이 아니다. 과협은 좁고 낮고 적을수록 좋다. 우단사련, 초중행사(草中行巳), 마적도하(馬跡渡河), 회중천선(灰中穿線) 등이 있다.

과협은 용혈(龍穴)의 진정 발현처이다.
양(陽)과 협은 凹성 과협이고, 음(陰)과 협은 凸성 과협이다.

용은 후부하고 맥은 세눈(細嫩)하여야 하고 단단하여야 길(吉)상이다. 또한 산약수승자(山弱水勝者)는 불길(不吉)이다.

■ 성진(星辰)의 형태

① 탐랑(貪狼) : 목(木), 유혈(乳穴), 청수(淸秀)
② 거문(巨門) : 토(土), 채겸(釵鉗), 후(厚), 풍만(豊滿)
③ 녹존(祿存) : 토(土), 소치혈(梳齒穴), 각(脚)이 과등(瓜藤)
④ 문곡(文曲) : 수(水), 장심(掌心)
⑤ 염정(廉貞) : 화(火), 보습(불꽃)
⑥ 무곡(武曲) : 금(金), 와혈(窩穴)
⑦ 파군(破軍) : 금(金), 모과혈(矛戈穴), 각(脚)이 뾰족하다(凸)
⑧ 좌보(左補) : 목(木), 앙와(仰窩), 이기(理氣)로 목(木)성
⑨ 우필(右弼) : 수(水), 무정형(無正形)

天者는 圓也요 其數는 一也라.

地者는 方也요 其數는 四也라.

三天兩地依數圖

天一生水圖

地六成水圖

天地體가 本圓故로 山形이 上圓하고
一邊은 蕩而生水니라.

地體는 方故로 山形이 上方하고
中蕩成水니라.

地二生火圖

天七成火圖

地體는 方故로 一邊이 尖則生火之
理라.

天形은 圓故로 山形이 圓而尖中하
여 成火之理라.

성진도(星辰圖)

51

天三生木圖

天體는 圓故로 山形이 圓而傍直하거나 또는 菱角이라.

地八成木圖

地體는 方故로 山形이 體方하고 頭聳而直者는 直而成木이라.

地四生金圖

地體는 方故로 山形이 方하고 邊員者는 謂之生金이라.

天九成金圖

天體는 圓故로 山形이 圓而上中下 俱圓者는 謂之成金이라.

天五生土圖

天形圓故로 山形이 員而邊方은 謂之生土라.

地十成土圖

地體方故로 山形이 方而上中下俱方은 謂之成土니라.

성진도(星辰圖)

구성전변도

이상 9성 중, 탐랑(貪狼), 거문(巨門), 무곡(武曲), 좌보(左補), 우필(右弼)은 길(吉)성이고 녹존(祿存), 문곡(文曲), 염정(廉貞), 파군(破軍)은 흉(凶)성이다.

◇ 탐랑목성(貪狼木星)은 곧고 약간 뽀족하게 생긴 형태이고, 곧고 아름답고 윤택하면 길(吉)이고, 기울거나 갈라지면 흉(凶)이다.

◇ 금성(金星)은 산의 모습이 둥글고 고요하면 길(吉)이고, 산면이 기울거나 파쇄되거나 험한 돌이 있으면 흉(凶)하다.

◇ 토성(土星)은, 중후하고 방정하면 길(吉)하고 기울거나 움푹 파였으면 흉(凶)하다.

◇ 수성(水星)은 물방울처럼 방울방울하면 길(吉)하고 산만하거나 불규칙하면 흉(凶)이다.

◇ 화성(火星)은, 움직임이 날카롭고 평정하고 넓지 않아야 길(吉)하고 산면이 찢어지고 탈살을 못하면 흉(凶)하다.

이상 오성은 너무 살이 찌거나 빈약한 것은 흉(凶)이다.

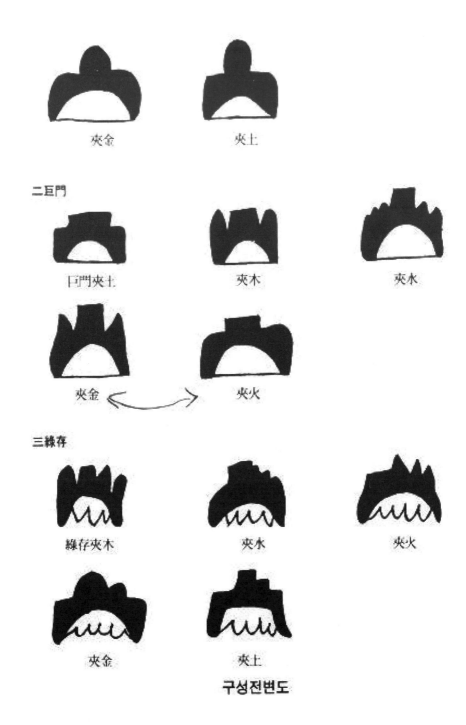

夾金　　　　　　夾土

二巨門

巨門夾土　　　　夾木　　　　　夾水

夾金 ⟷ 夾火

三綠存

綠存夾木　　　　夾水　　　　　夾火

夾金　　　　　　夾土

구성전변도

四文曲

文曲夾木

夾水

夾火

夾金

夾土

五廉貞

廉貞夾木

夾水

夾火

夾土

夾金

구성전변도

六武曲

武曲夾木

夾水

夾火

夾金

夾土

七破軍

破軍夾木

夾水

夾火

夾金

夾土

구성전변도

八左輔

左輔夾木

夾水

夾火

夾金

夾土

九右弼

右弼夾木

夾水

夾火

夾金

夾土

구성전변도

57

심혈(審穴)

　이상에서 간산(看山), 간룡(看龍)은 사(砂)와 수 등 보국의 조건과 생기처 또는 취주(聚注)처를 살피고 혈(穴)을 찾는 안목을 갖추는 것이다. "용(龍) 공부 3년이요 혈(穴) 공부 10년이라" 할 만큼 심혈(審穴)이 어렵고 힘든 과정이다. 어떠한 분야이든 ①타고난 재질에 ②훌륭하신 스승을 만나고 ③피나는 노력을 하여야 개안이 될 수 있다. 이상에서 말한 13년의 세월도 빠른 경우이다. 4~50년을 공부해도 개안이 안 된 무수한 사람들을 보아 왔다. 특히 처음 입문이 결정적이다.

　먼저 어떠한 학문을 익힌다면 뒤에 아무리 좋은 학문을 배운다 한들 먼저 자리 잡은 것을 지울 수 없다. 특히 "구전심수(口傳心授)"하는 학문이라 사람됨이 매우, 더욱 중요하다.

　심혈은 혈성(穴星), 혈형(穴形), 혈증(穴證), 혈기(穴忌) 등 4대 요소가 있는데 혈(穴)이 정확해야 후손이 생기를 받을 수 있고 감응이 온다. "호리지차(毫里之差) 화복만리(禍福萬里)"라는 장경의 말과 같이 심혈의 정확도를 강조하였고 "렌즈의 초점과 같다."라고 풍수의 삼사(三師)이신 양균송 선사도 밝혔듯이 심혈이 풍수학의 핵심이다.

　좋은 땅은 천지의 음과 양의 기가 상응하여 모든 산수가 혈장을 에워싸고 바람과 물이 감싸고, 돌면서 음양이 배합한 천장지비(天藏地秘)하여 중화지지(中和之地)한 곳이 진혈(眞穴)이다.

　또 심혈에는 "순역", "노눈", "생사", "진가판별" 등등 철저히 살피고 신중히 결정하여야 한다.

⁝ 혈사상(穴四象)

세상의 모든 산이 각기 다른 모양이다. 그러나 혈(穴)의 모양은 4가지 모양으로 구분할 수 있다. 와, 겸, 유, 돌이다. 와겸은 양혈이고 유돌은 음혈이다. 즉, 양혈은 음산에서 맺고 유돌은 양산에서 찾는 것이 음양의 조화이고 풍수다.

와(窩), (소쿠리 모양)

개구혈로 오목한 형태이고 사상(四象)은 태양(太陽)이 된다. 이 형태에서는 반듯이 현릉(弦陵)이 분명하고 깊게 둘러싸고 원정하고 와혈의 안이 꽉 차 있어야 길상이고 순전(전순)에 대가 반듯이 있어야 한다. "와유현릉(窩有弦陵)"

겸(鉗), (부젓가락 형태)

상기 와형보다 두 다리가 길고 꽉 오무려 쌓지 않는 형태이고 사상(四象)은 지양(支陽)이다. "개각혈", "채겸(釵鉗)", "호구(虎口)", "합곡(合谷)", "선궁(仙宮)", "단고(單股)", 궁각, 쌍비 등의 형이다. "겸유낙조(鉗有落棗)". 즉 포만이 증거다.

유(乳), (젖가슴 형태)

여자의 젖꼭지 같은 형이며 사상(四象)은 지음(支陰)이다. 음혈이라 보통, 중간 정도의 산이나 낮은 곳에 많고 소조산(少祖山)이 목형(木形)이나 토형(土形)산에서 많이 맺는다. "유유선익(乳有蟬翼)" 가깝게 가느다란 지각이 증거다.

돌(突), (솥을 업어놓은 형태)

음혈이라 주로 평야지로 내려와 맺는다. 사상에는 태음(太陰)이 된다. 주로 "지주결망", "구사몰리", 복부 등의 형국이 있다. "돌유현침" 보이지 않게 지각이 있다.

혈(穴)은 주작, 현무, 청룡, 백호라는 근접 경호관이 있어야만 혈(穴)이다. 마찬가지로 혈(穴)에는 승금(乘金), 상수(相水), 인목(印木), 혈토(穴土)라는 4대 요소가 있다.

이중 상수(相水), 혈토(穴土)는 눈으로 보기 어렵지만, 승금(昇金)이나 인목(印木), 전순(氈脣)을 보고 혈을 찾는다. 얼굴에 비유하자면 승금은 이마, 상수는 코 양쪽 눈물이 내려오는 곳, 인목은 눈 위의 미골과 광대뼈 혈토는 코에 해당된다. 여기서 승(金), 상(水), 혈(土), 인(木) 등 화가 없는 오행이다.

승금은 둥굴고 풍만하고 원정하면 좋고 상수는 코 주위의 약간 낮은 눈물이 흐르는 곳처럼 비가 오면 미망수가 흘러 혈토 앞에서 만나 혈장 밖으로, 즉 장구로 빠져나가는 것이다. 그러나 초학자로서는 구분하기가 매우 힘들다.

인목은 상수가 흩어지지 않고 혈토 앞에서 모여 나갈 수 있도록 감싸고 있는 미미한 구릉이다. 즉, 훈(暈)이 돌았다고도 한다. 상수는 약간 낮고 인목은 약간 높은 정도인데 이것을 선익사(蟬翼砂) 또는 우각사(牛角砂)라고도 한다.

혈토는 우리 얼굴의 코에 해당하며 중심처이기도 하다. 인목 안에서 약간 두툼하여 안정되고 편안한 느낌이고 밝은 곳이다.

이상의 혈사상은 필수적으로 중요하다. 어느 하나만 부족해도 진혈이 아닐 수 있다. 매우 중요하니 집중하여 살피어야 한다. 이상의 혈 사상을 살피는 요령은 혈장에서 태(胎), 정(正), 순(順), 강(强), 고(高), 저(低)를 살펴야 하고 태(胎), 식(息), 잉(孕), 육(肉)을 살펴야 한다.

태(胎)는 기가 뭉친 것으로 둥그스름하다. 정(正)은 전후좌우가 바르게 배치되었는가를 논한다. 순(順)은 다른 곳으로 기가 빠져나갔느냐의 음래양수(陰來陽受) 양래음수(陽來陰受)를 보고 판단한다.

강(强)은 단단하게 기가 뭉쳐있는지, 양명한가를 보고 판단한다. 고(高)는 높고 낮은 주위의 산에 혈장의 위치가 능압당하지 않는가를 보고, 저(低)는 낮아서 물과 바람이 침범하는가를 본다. 안정되고 아늑한 느낌이어야 길하다.

이상과 같이 심혈의 중요성과 어려움을 많이 할애하여 설명했다. 심안을 집중하여 살펴야 한다.

풍수지리학에서 가장 어려운 장이다. 혈토, 인목, 상수는 유형무형이고 유명불견이다. 구전심수(口傳心授)가 아니고는 터득하기가 불가능하다.

아주 큰 지귀(至貴)의 혈(穴)은 깊은 곳에 숨어서 볼 수 없거나 보인다고 해도 치졸하여 알아보기가 쉽지 않다. 이상의 모든 혈들은 장승생기(葬乘生氣)의 원칙에 맞아야 하고 와, 겸, 유, 돌의 혈사상 안에 존재한다.

⦂혈을 찾는 법

　모든 산은 음래양수, 양래음수이다. 산이 높으면 혈은 낮고 산이 낮으면 혈
이 높은 곳에 생긴다. 즉, 음양의 조화이다.

근취제신(近取諸身) 정혈(定穴)

　우리 몸의 혈처, 백회(百灰), 인후(咽喉), 견정(肩頂), 제중(臍中), 단전, 곡
지(曲池), 수두(垂頭), 헌화혈(獻花穴) 등 한의학에서 침을 꽂는 곳에 해당되는
곳이다.

지장정혈(指掌定穴)

　혈성이 용호를 갖추지 못하였을 경우 무지(拇指)와 인지(人指)로서 산 모양
과 대비하여 혈을 정하는 것을 말한다. 합곡처(合谷處), 무지(拇指) 제 일절처,
인지(人指) 제 일절처, 제 이절처까지만 쓰고 그 이하는 쓰지 않는다. 그 이하
는 힘이 없기 때문이다.

⁞ 혈증

진혈에는 반듯이 조안이 수려하고 명당이 단정하여 모든 물이 모이며 뒤에는 탱조사(撑助砂)와 귀성(鬼星), 낙성(樂星)이 분명해야 하고 좌우에는 청용과 백호가 유정하게 감싸고 있고 혈 앞에는 전순이 바르게 있어야 한다.

앞산(朝山)을 보고 찾는 법

혈장이 높은 곳에 있으면 조산도 높고 조산이 낮으면 혈장도 낮게 생긴다. 조산이 가까우면 능압당하게 되니 혈은 높게 생기고 조산이 멀리 있으면 기가 흩어지니 혈은 낮게 붙는다. 이 조산증혈은 가까운 것에 주안점을 둔다. 흐르는 물이 유정하고 좌향이 합법하고 후면의 낙사가 잘 감싸고 사방의 산들이 조밀하게 감싸면 합법이다.

명당을 보고 찾는 법

심혈법이 첫째, 기맥을 찾고 명당을 찾는 것이다. 명당이 바르지 못하면 물이 모이지 않고 기울어 기를 누설한다면 기가 모이지 않는다. 명당이란 소명당, 중명당, 대명당 등이 있는데 태극훈 아래 물이 모이는 곳은 소명당이라 하고 혈증의 중요한 판단처이다. 중명당은 청룡과 백호 끝의 모든 물이 모이는 곳이고 대명당은 청룡, 백호, 밖의 조산과의 사이에 물이 모이는 곳이다.

물을 보고 찾는 법

혈을 찾는 방법 중 가장 쉬운 것이 물을 보고 혈을 찾는 방법이다. 산이나 평지에서 모든 물이 모여드는 곳이나 감아 돌아가는 곳을 보고 혈이 맺은 곳을 알 수가 있다.

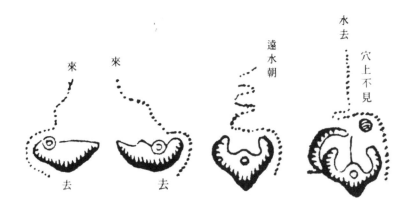

수세증혈도

후면을 보고 찾는 법

혈장의 뒤쪽에 반듯이 막아주는 산을 말한다. 양반가의 병풍 역할을 생각하면 이해가 쉽다. 이것을 낙산이라 말하고 혈로 말하자면 베개에 해당한다. 즉, 베고 자는 목침 역할이다. 반드시 살펴보아야 하고 만약 없으면 가혈이다.

또한, 혈 뒤를 받쳐주는 귀성(鬼星)을 찾아 확인하여야 한다. 통맥(通脈)의 중요한 것으로 거의 모든 혈이 횡락(橫落)으로 맺는데 그 부분에서 탱조사(撑助砂), 효순사(孝順砂) 등으로 후면을 보호하고 간룡으로 가는 큰 맥에서 약간의 기맥을 혈장으로 보내주는 역할이니 꼭 확인하여야 한다.

또 지룡에서 가는 맥을 막아 일정 부분 혈장으로 보내주는 옹조사(擁助砂)가 있는지 반드시 살펴야 하는 것이 풍수사의 중요한 덕목이다. 그러나 직래직작(直來直作)의 경우에는 이상의 탱조사, 효순사, 옹조사 등을 찾을 필요가 없다.

낙산증혈도

청룡 백호를 보고 찾는 법

혈이란 천지자연이 만든 귀한 것이다. 이것을 사람에 비유하자면, 귀한 사람은 반드시 경호원이 수행한다. 따라서 혈도 사신사(四神砂)를 두어 근접 경호를 한다. 근접 경호원과 같은 선익사, 내외 청룡 등 여러 겹일수록 귀하고 좋은 혈이다.

예를 들어, 적은 시장·군수는 1~2명, 시·도지사는 2~3명이지만 대통령은 수십 명의 경호원과 수행원이 따르는 것과 같은 이치이다.

혈을 맺고 남은 여기를 순전이라 하는데 둥글게 생기면 전(氈)이라하고 새의 부리처럼 뾰족하면 순(脣)이라 한다. 반드시 찾아봐야 할 중요한 혈증(穴證)이다.

천심십도형

혈장의 전후좌우의 산이 서로 마주 보듯 혈을 보호하는 형상을 말한다. 뒤쪽의 산을 개(蓋)라 하고 앞의 조(朝)산, 좌우의 산을 협이산(挾耳山)이라 하는데 형평에 맞고 균형이 잘 맞아야 한다. 상당히 보기 힘든 산이다.

분합으로 보는 법

혈을 찾는 여러 방법 중 상당히 어려운 것이 물의 분합(分合)이다. 1분수, 2분수, 3분수로 구분하는데 소조산에 떨어진 물이 합쳐진 곳을 보고, 부모산에서 갈라지는 물이 합쳐진 곳을 보고, 봉분에 떨어진 물이 상석 앞에서 모인 곳을 보는 곳으로 음양이 서로 조화를 이룬 것과 혈의 대소(大小), 진가(眞假)를 판별하는 척도이다.

뇌(腦)와 순(脣)을 보고 찾는 법

혈은 기맥의 접속이 필수이며 접속이 되지 않으면 혈이 아니고, 후손이 끊기는 불상사도 당할 수 있다. 그래서 뇌두를 꼭 살려야 하고 순(脣)은 혈을 만들고 남은 여기를 말하는 것으로 혈장 앞에 쉽게 볼 수 있다. 기맥의 접속을 뇌두(腦頭)가 크고 풍만하면 혈의 크기가 크다. 전순 또한 기의 많고 적음에 따라 정비례한다.

⋮ 총론

    천문(天門)은 양이라 움직여서 보기가 쉽고 인사(人事)는 동하기도 하고 정하기도 하니 어렵지 않다. 그러나 지기(地氣)는 음이라 움직임이 없고 채용이 천변만화하여 모양세가 각각 다르므로 매우 신중하게 보아야만 한다.

    지리학도 하나의 이치로 통섭하는 것이므로 진묘법(眞妙法)을 터득하면 조화의 묘리를 알 수가 있다. 즉, 풍수 공부는 이의 본원에 합치하여야만 발전이 있다는 말이다. 용은 음래양수하고 양래음수하여 오다가 혈은 양중취음 하니 용은 아무리 많이 변하여도 음양전변이고 혈이 아무리 변하여도 기맥의 유무에 지나지 않는 것이다.

    음양이 서로 교구하고 기맥이 미미하게라도 있으면 반드시 혈을 맺는다. 혈(穴)의 크고 작은 것은 용(龍)의 크고 작음에 있고 발복의 속도는 물에 있으며 화복(禍福)은 사에 있다고 본다. 이상의 지리 4과(科)를 하나로 묶어 형세, 결혈, 형국, 제혈 등으로 구분하여 설명한다.

■ 형세

    산천의 정기가 혈을 맺는 이치는 하나이다. 오행의 기가 두루 퍼져서 귀하기도 하고 혹은 천하기도 하고 음양의 기는 청, 탁으로 나누어지기도 한다. 조종산(祖宗山)은 목성과 화성이 높이 솟아 천호천각(天弧天角)의 체가 되고 행룡은 수성으로 좌우로 지현굴곡(之弦屈曲)하고 토성은 평평하므로 그 아래 소조산이 생긴다. 금성은 원만하여 살기가 없으므로 입수산이 되어서 팔을 벌려 혈을 맺게 되는 것이다.

모든 산의 모양이 여러 가지로 다르지만 실은 모두가 금성과 토성이 변한 것이다. 먼저 조종산을 보고 여기에서부터 가는 용세를 살펴 소조산을 찾아 그 아래에서 혈성을 찾으며 전후좌우의 산을 점검하는 것이다. 조종산은 높고 크며 세가 웅장한 것이 좋으며 내룡의 세도 수려하고 아름다워야 하고 박환은 위와 아래가 서로 상생되어야 좋으며 지각은 넓고 길게 퍼져 나가고 좌우의 공협은 여러 겹이고 행도는 활발하고 조화로워야 한다. 과협은 주밀하고 혈장에 기가 모일 수 있도록 잘 짜여 있어야 한다.

사세는 화평하고 청룡과 백호는 다정하게 감싸고 안산은 새가 날아들 듯 유정하게 개면 향혈해야 합격이다. 조종과 용세는 멀리서 살펴보고 혈장은 가까운 곳에서 살핀다. 세는 좋고 형이 부족하면 병이 혈성에 있고 혈은 좋은데 세가 부족하면 병이 용에 있는 것이다. 천태만상의 형세가 크게 모인 것이나, 작게 맺은 것이나 모두 소조 아래 입수 두어절에서 찾아야 한다.
수십리를 기세 좋게 달려온 곳에 공후백작의 터가 있겠지만, 그러나 내룡의 곳곳에 조잡스런 용이 섞인 곳에서도 장상기재(將相奇才)의 혈이 맺기도 한다. 내룡이 활발하고 풍부하면 국세도 아름답고 귀한 혈이 생기지만, 천박하고 뻣뻣하면 기가 쇠잔하여 혈도 쇠잔하고 천박한 법이다.
혹, 산의 뿌리나 수구 또 내룡에 첩신(貼身)으로 맺기도 하고 또는 가지의 기슭에 맺기도 한다. 용호가 없거나 뜬 맥(浮脈)으로 생긴 혈이 어찌 발복이 크고 오래가겠는가?

진룡대지(眞龍大地)는 내세가 장원하고 은은하면서도 씩씩하여 나는 용인 듯, 봉황새인 듯 파도가 겹겹으로 물결치듯 강인한 기상이 있어 양래음수하고 음래양수하여 삼태성(三台星)과 오행성(五行星)을 두루 갖추게 되는 것이다.

■ 작혈법(作穴法)

혈(穴)의 크고 작음은 혈성이 크고 작음이 아니라 세를 말하는 것이다. 작혈법이 수만 가지로 다르지만 와(窩), 겸(鉗), 유(乳), 돌(突)의 혈사상(穴四象)을 벗어나지 않는다.

1) 정맥결(正脈結) : 후룡이 층층으로 박환하고 마디마디 지각이 번연하여 지현굴곡하고 자취를 감추면서 판을 벌일 곳에서는 웅장한 산봉우리가 되면서 그 사이 한 줄기의 기맥이 움직이며 내려오다가 다시 두어절 후에 혈성이 생기는 것이다. 곧바로 받아써도 살기가 없어 좋다.

2) 편맥결(偏脈結) : 입수처의 산봉우리가 우람하고 경사가 급하여 바로 혈을 맺지 못하고 다시 하나의 눈맥(嫩脈)이 살짝 옆으로 떨어지면서 약간의 기복으로 나가다가 반듯이 역국(逆局)으로 혈이 생기는데 이것을 지중간기(枝中幹氣)라 한다.

3) 은맥결(隱脈結) : 대간룡이 지나가면서 생기가 옆으로 나와 좌우로 굴곡하기도 하고 또는 끊어졌다 다시 이어지기도 하며 마치 초중행사(草中行蛇)로 행도하다가 개국처에서 역수로 혈성이 생긴다. 선궁격(仙宮格)이 많다. 또 하나의 유격은 주봉이 아주 험한 바위로 벽처럼 아주 급하게 생겼으며 그 아래 넓은 곳이 있을 경우에는 먼 아래쪽에서 맥흔(脈痕)과 훈을 남겨 입혈한다. 본산에서 횡락한 한 가지가 혈 앞에서 하수사가 되는데 이런 곳에는 첨척혈(貼脊穴)이나 쌍용합기혈이 많다.

4) 루맥결(漏脈結) : 크고 늙은 조종산이 곧바로 오다가 개국처에 이르러서 병(屛)이나 장(帳)으로 개장(開障)하여 낙맥처도 없고 내맥하는 지각도 없이 다만 횡으로 발신한 좌우의 사가 멀리 벌판 밖에까지 나열하여 있을 뿐이다.

이것은 개국은 하였으나 현무가 수두할 즈음에 한 줄기 희미한 낙맥이 땅속으로 잠행한 것인데 다시 약간 볼록하면 산주(散珠), 산화(散花), 잠구(潛龜)의 혈을 맺기도 한다.

5) 침수결(沈水結) : 산과 물이 같이 가다가 간중(幹中)에서 하나의 눈맥(嫩脈)이 옆으로 새나와 물가에 이르러 역관(逆關)하여 국(局)이 된 것으로 대부분 집터(陽宅)가 된다.

6) 고산결(高山結) : 간룡의 왕성한 기가 산발(散發)하여 산머리나 산허리에 토작(吐作)하여 된 것이다. 당처가 높아도 평탄하고 주위의 산들이 바람을 막아주며 혈 아래에 살이 되는 뾰족한 첨사(尖砂)나 뾰족한 바위가 보이지 아니하면 명당과 물은 논하지 않는다.

7) 평양결(平洋結) : 한 줄기의 가는 맥이 숨었다가 보였다가 하면서 좌우로 꿈틀거리는 것이다. 수법(水法)에 따라 혈을 맺는다. 평지의 관란은 물이다.

8) 변생변사결(邊生邊死結) : 혈을 맺을 즈음 두터운 쪽과 엷은 쪽으로 양분되었거든 두터운 쪽은 양기이고 엷은 쪽은 죽은 음기이나 두터운 쪽 3분의 1과 엷은 쪽 3분의 2의 교계선이 정기(正氣)이다.

9) 단축결(短縮結) : 내맥이 아무리 길어도 작혈처에 이르러서는 대나무를 갈라 놓은 것 같거나 또는 사람이 두발을 개고 앉은 것처럼 남은 기가 없으면 대를 이어갈 자식을 두지 못하는 것이 보통이다.

10) 쌍조결(雙照結) : 혈의 좌우에 각각 산봉우리가 있고 높낮이와 크기 거리가 비슷하면 좌우 두 산봉우리 연결선상에 혈이 생긴다. 만약 두봉이 있어도

비슷하지 못하거나 하나의 봉우리만 있으면 반듯이 수구에 산봉우리가 있어서 역국을 만들어야 작혈한다.

11) 인목결(印木結) : 용맥이 꿈틀거리며 길게 내려오다 돌(突)이나 와(窩)도 없이 기세가 쇠잔하였으면 좌우에 선익사나 아미사 같은 모양의 미망사(微茫砂)가 본신의 우익(羽翼)이 되거나 후절(後節)에서 소팔자를 이루어 혈이 생긴다. 혈장 좌우에서 흐르는 물이 혈 앞에서 합한 것은 상수(相水)라 하는데 산허리에 맺는 혈에 이런 형태의 것이 많다.

12) 무수결(無水結) : 산중에 국을 만들면 비록 물이 없어도 좌우의 사가 혈 앞을 긴밀하게 막아 명당의 기가 새어나가지 못하게 되면 혈이 된다. 또한 평야의 산은 대개 역수로 맺는 것이므로 혈을 안고 돌아가는 물이 없어도 혈이 된다.

13) 평광결(平廣結) : 천지조화의 흔적은 비밀로 하는 것이 근본정신이므로 대귀(大貴)의 혈은 결혈할 곳이 천륜영(天輪影)이나 또는 태극훈으로 미미한 행적이 있을 뿐 아주 추졸(醜拙)하여 산의 움직임 중에 약간 오목하거나 약간 볼록하여 겨우 관하나 용납할 정도로 맺게 된다. 천리행용(千里行龍), 혈재일석지간(穴在一席之間)이다. 만약, 태극훈이 없다면 이는 기완처(氣緩處)이다.

14) 조천결(朝天結) : 선녀봉촉(仙女奉燭)이나 천마번제형(天馬飜蹄形)으로 간룡이 지나가는 도중에 별도로 산 위에 판을 짠 경우이다. 전후좌우의 산들이 치밀하게 감싸주어서 바람을 막아주어야 혈이 되며, 속발하기는 하나 오래 가지 못하고 절손의 우려가 있으니 경솔하게 결정할 바가 아니다.

15) 기룡혈(騎龍穴) : 산이 다한 곳에서 앞으로 나간, 한마디의 산봉우리가 날 개를 편 새와 같은 모양이다. 혈 뒤의 좌우의 각(角)이 우각(牛角)과 같은 모양새로서 혈장을 감쌀 경우 앞과 뒤의 거리가 멀지 않아야만 혈을 맺는다.

16) 회룡결(廻龍結) : 이 혈에는 고조(顧祖)와 배조(拜祖)의 두 종류가 있으나 크게 다르지 않다. 배조형은 본산으로부터 낙맥한 후 산봉우리가 없이 마디 마디가 약간 불룩하고 좌우지각이 호송하다가 산진처에서 갑자기 산봉우리 가 우뚝 솟아 역세로 판을 짠 것을 말한다. 고조형은 배조와 비슷하나 다만 용이 행도할 때에 지각의 호송이 없어 파자(巴字) 모양으로 돌아서 결혈처 에 이르고 본조산이나 중조산을 항해서 혈이 맺는다.

17) 차조결(借朝結) : 정락(正落)하여 가까운 안산이 벽립(壁立)하였거나 능압하 면 일발즉지(一發則止)한다. 좌향을 옮겨서 아름다운 조산으로 안산을 삼아 야 한다.

18) 달상결(達上結) : 용의 기가 위로부터 아래로 흐르는 것이 원칙이나 경우에 따라서는 아래로부터 거꾸로 흘러서 혈을 맺는 경우가 있다. 뒤쪽에 큰 산 이 없이 자그마한 소조산이 있어 지현굴곡하여 혈을 만든 후에 앞으로 간 남은 기가 우뚝한 산이 되어 많은 지각이 생겨 본신을 역으로 감싸면 그 용 의 힘이 아래로부터 위로 흘러온 경우이다. 그래서 간산할 때 내룡만이 아 니라 남은 기의 고저장단도 주의 깊게 살펴야 한다.

⠿일반적인 형국론

형국이란 혈을 중심으로 주변의 여러 사(砂)를 종합하여 일개 유형으로 판단하는 법을 말한다. 예를 들자면 용과 혈이 수형산이고, 안산이 원구(圓球)이며 조안이 구름이면 비룡농주형(飛龍弄珠形)이라 한다.

형국은 혈의 역량 크기와는 관계가 없다. 즉, 호랑이 형국은 고양이 형국보다 꼭 크다고 볼 수 없다. 따라서 혈을 찾는데 있어서 용과 맥, 기가 근본이고 무슨 형국에는 어느 부위가 혈처이며 안산은 무엇이라는 식의 관념은 자칫하면 풍수의 본원을 버리고 말단에만 집착하는 어리석음을 범하게 되기 쉽다.

각별히 유념하고 조심하여야 한다. 그러나 형국에 밝으면 혈을 찾는데 많은 도움이 되는 것도 사실이다. 또한, 귀한 용의 대지대혈은 언제나 형국이 분명하지만, 소지소혈에는 형국이 분명하지 않다.

형국이 완전하면 혈을 맺는 것이 적실하다. 초학자는 성급하게 생각하지 말고

첫째는 용, 혈, 사, 수의 단편적인 심찰에 노력하며 진혈과 가혈을 판단하면 되는 것이고, 차츰 연륜이 쌓이면 형국을 판정할 수 있게 된다.

절대로 조급하게 생각하지 말고 원칙에 충실하라. 형국을 판별하는 주요 착안점은 용세와 겸구(鉗口)와 혈성이 된다. 용세가 날아가는 형세이고 굴곡과 기복이 있고 구름이 따르면 용유형(龍遊形)이 많다.

둘째, 봉황이 춤을 추는 모양이면 날개를 펴고 꼬리는 길다. 상서로운 구름이 스스로 일어난다. 이는 봉황, 금구(金龜), 선아형(仙娥形)이 많다.

셋째, 호랑이가 앉아있는 모습은 다리가 약동하고 꼬리가 흔들리는 형세다. 앞은 고개를 들고 뒤는 구부리는 모습이다. 이런 곳은 사자, 호랑이, 장군 마형(馬形)이 많다.

넷째, 천마지세(天馬之勢)는 뛰는 말이 나아가 앞에 물을 만나 마시려고 하거나 위로 올라가는 형세다. 천마, 낙타, 안장, 장군, 선인(仙人)형이 맺는다.

다섯째, 평강용은 높낮이가 뚜렷하지 않은 것으로 개구리 기물, 구름, 별, 무지개 등등의 형이다.
여섯째, 고수지세(高秀之勢)는 당(幢), 기, 북, 칼, 창 등의 형이다. 겸구와 혈성에 대하여서는 혈성의 장에서 설명하였다.

※ 군왕지지는 구전심수(口傳心授) 해야 하므로 별도로 참고한다.

형국 판별

형국을 알면 안(案)을 알게 되고 안을 알면 격을 알게 되고 격을 알게 되면 운을 추산할 줄 알게 된다. 금성에는 날짐승의 형이 많고 목화성 아래에는 사람의 형이 많다. 수성에는 용사(龍蛇)의 형이 많고 토성 아래서는 짐승의 형이 많다. 그런데 물형은 단편적으로 이루어지는 것이 아니고 전체적인 꾸밈새를 보아야 한다.

예를 들자면 앞에 둔군(屯軍), 마사(馬砂), 기고(旗鼓)사가 있으면 장군형국이고 금(琴), 고(鼓), 적(笛)이 있으면 선인무수(仙人舞袖)형이다. 화표(華表)가 드높으면 백학귀소(白鶴皈巢)형이고 치화체(雉禾体)가 벌여 있으면 나는 새 형이다. 유어체(遊魚体)가 있으면 백로형국이다. 지네(蜈蚣)체가 있으면 금계(金鷄)형이고 험준하면 봉황이고 건장하면 황새가 된다.

퇴육사(堆肉砂)가 앞에 있으면 맹호형이고, 안장사(鞍裝砂)가 좌우에 있으면 마(馬)형이다. 달이 있으면 옥토나 망월형이고 창고사와 규봉이 앞에 있으면 잠자는 개 형이다. 그물이 앞에 잇으면 노루 형이고 쥐 모양이 앞에 있으면 고양이가 쥐를 놀리는 형이다. 산 위에 오르는 소(上山牛)는 혈이 뒷발에 맺고 산에서 내려오는 소(下山牛)는 혈이 앞발 무릎에 있다. 강을 건너는 소(渡江牛)는 혈이 코 사이에 맺는다.

거두노풍(擧頭露風) 되었으면 천마시풍(天馬嘶風)이고 전고후저(前高後低) 하였으면 생사축와(生蛇逐蛙)형이다. 혈재족간(穴在足間)하였으니 비금탁목(飛禽啄木)이요 지두현렴(枝頭懸簾)하였으면 꾀꼬리가 분명하고, 부벽횡량(付壁橫樑)

75

하였으니 제비집 형이다.

목성 아래 연화장(蓮花帳) 벌였으면 연화출수(蓮花出水) 형이요. 제좌장(帝坐帳) 벌였으면 상제봉조형이다. 창천수장(漲天水帳) 벌였으면 상천하는 비룡(飛龍)이요 어병장(禦屛帳) 벌였으니 미인단좌(美人端坐)이고 수토장(水土帳) 벌여 놓았으면 하산하는 거북이요 수성장(水星帳) 벌여 놓았으면 상탄(上灘)하는 유어(遊魚)이다. 운수장(雲水帳) 벌였으니 구름 속에 반월이요.

옥책장(玉冊帳) 벌였으니 독서하는 선인(仙人)이다. 화성장(火星帳) 벌였으니 불국(佛局)이 틀림없고 은하장(銀河帳) 벌였으니 진주투지(眞珠投地)형이요 포탕장(布湯帳) 아래에는 그물치는 어옹(魚翁)이다.

■ **재혈법(裁穴法)**

형국을 알고 정혈법을 알게 되면 혈을 찾아 재혈을 한다. 재혈이란 마지막 관문으로 좋은 옷감을 재단한 것 같이 좋은 혈이라도 재혈을 잘못하면 흉지로 변하여 복을 기대할 수 없게 되니 지극히 중요한 마지막 단계이다.

1) 득파혼효(得破混淆)

음양교구(陰陽交媾). 즉, 남과 여가 가정을 이루어 화락하고 자손을 출산하듯 산과 물이 서로 어울려(성적교합) 음양이 교구하여야 하고 산은 음양의 변화가 있어야 하고 물은 왕쇠의 구분이 있어야 한다. 산과 물이 생왕(生旺)하여야 하고 득수처도 생궁(生宮)과 왕궁(旺宮)이어야 좋고 파구처(破口處)는 쇠절궁(衰絶宮)이 되어야 한다. 물이 혈장을 감고 돌아가더라도 합법하고 적절하면 합격이다.

2) 적혈당중(的穴當中)

생기의 융결처를 찾아서 눈동자의 초점과 같이 정확하게 해야 하고 적은 오차도 없어야 하니 매우 신중해야 한다.

3) 윤지완급(輪之緩急)

좋은 혈은 보이지 않게 윤(輪)이 있다. 세밀하게 살펴야 하고 맥이 급하면 기준보다 5~7치 정도 아래로 내려쓰고 반대로 완만하면 5~7치 올려 쓴다.

※ 혈을 팔 때는 사(蛇), 충(虫), 와(蛙), 오공(蜈蚣)이라도 망녕되게 손해(損害)를 주지
  말고 살생을 하지 말라. 인자(人者)의 덕(德)이 아니다.

4) 재혈의 실체

향수(向首)

즉 좌향과 입수를 말한다. 래용은 음래양수하고 양래음수 해야 하는데 용이 양이면 혈은 음으로 치고 혈장이 음이면 용은 양으로 온다. 예를 들자면, 와겸(窩鉗) 즉 양혈에는 미돌처(薇突處)가 있고 유돌(乳突) 즉 음혈에는 미저처(薇低處)가 있다.

이것이 태극훈인데 이것 또한 혈성두에서 직선으로 된 직락(直落)과 측방에서 교차된 측수(側受)된 것과 회전한 후에 된 것 회결(回結) 등이다. 또한 혈장이 양이면 조안은 음이 되고 혈장이 음이면 조안이 양이 되어야 한다.

이래야만 산형의 음래양수, 양래음수의 빈주 상대를 말함이다. 나경상으로 입수가 음이면 음향하며 입수가 양이면 양향하여야 한다. 예를 들자면 자입수신향(子入首申向), 해입수병향(亥入首丙向)과 같다.

당중(當中)

승금과 순전을 이어서 종선을 긋고 다시 인목의 하단을 이어서 횡선을 그은 후에 종선과 횡선의 교차 지점에 관의 하단이 놓이도록 하는 것이다. 또, 맥이 급하면 약간 내리고(약 5~7치) 맥이 평탄하면 조금 올리는 방법이다.

돌불장정(突不藏頂)하고 와불장심(窩不藏心)이라는 말이 있다. 고불투살(高不

鬪殺)하고 저불(低不), 범냉(犯冷)하며 섬불이맥(閃不離脈)하면 당중이다. 그러나 혈토에서 위아래로는 어긋나더라도 좌우로는 어긋나면 안된다.

방위

산과 물은 입수나 좌, 또는 향의 생왕방에서 오는 것이 길하고 향과 오는 물은 혈을 생하여 주며 음양이 상배하여야 길하다. 황천과 팔요는 피해야 한다.

혈심(穴深)

관의 밑부분까지의 깊이를 말하는데 측정 단위는 옥척(玉尺)을 쓴다. 옥척이란 지금의 곡척 약 8촌(寸) 정도이다. 전문지사는 전체를 관찰하여 혈심을 결정할 수 있지만 초학자는 현장에서 흙을 보면서 혈토층을 찾아야 한다.

첫째는 지층은 부토라고하여 식물이 썩은 표토이다.
둘째는 단토(斷土)라 하여 단단하게 혈토를 보호하는 층이다.
셋째는 진토(眞土)라 하여 온도와 습도의 변화가 없이 생기층을 보호한다.
넷째는 혈토(穴土)라 하여 생기가 모여 있는 층인데 매우 부드럽고 부조부습(不燥不濕)하여 비석비토(非石非土)로서 온기가 있는 듯하고 수화기제(水火旣濟) 상이니 관을 이층에 놓이도록 한다.
다섯째, 노저토라하여 혈토층을 지나 단단한 층이다. 마치 화로의 밑바닥처럼 단단한데 이곳을 건드리면 파혈되니 매우 조심하여야 한다. 유의할 점은 혈심은 너무 깊은 것 보다 모자람이 실수가 적다는 점이다. 모자람은 기층(氣層)과 관의 거리가 멀어서 발음이 늦고 지나치면 기층을 지나 승기를 못하게 된다. 장승생기(藏乘生氣)라고 시신은 생기에 묻혀야 하기 때문에 혈토층을 지나면 안된다.

⋮ 혈성(穴星)

점혈(點穴)은 입수(入首)의 산이 어느 성체를 이루었는가를 반드시 살펴야 하는데 성체(星體)가 확실하면 진기(眞氣)가 융취되는 것이나 생체가 분명하지 못하면 진기 또한 융결되지 못한다.

양균송 선사가 "성(星)을 보고 제혈(際穴)하는 것이 올바른 것이지 성진(星辰) 부론(不論)함은 거짓말이다."라고 하였다.

그러나 사람마다 성체(星體)를 보는 기준이 다르니 미악길흉(美惡吉凶)도 분분하나 어떤 이는 오성(五星)은 정(正)이요 구성(九星)은 오성(五星)의 진(眞)이라 하였으나 구성(九星)으로서 어찌 그 변화를 나타낼 수 있을 것인가?

오직 융결 성혈됨이 비록 정(正)과 변(変)이 같지 않다 할지라도 그 근본적인 형태는 오성(五星)을 떠날 수 없는 것이다. 오성(五星)은 즉 오행을 말하는 바 간단한 것 같으면서도 일정한 깊은 이치가 있는 것이거늘 제멋대로 지껄이는 그릇됨에 구애되어서는 안 된다.

여기에서는 장자미(張子微)의 오성론(五星論)을 기준하고 요금정선사의 말을 참작하여 혈성 삼격(三格)을 정하는 바이다. 즉 단정한 것은 정체(正體)로 하고 편사(偏斜)한 것을 측뇌(側腦)로 하고 도포(倒抱)한 것을 평면(平面)으로 함인데 이 삼체(三體)도 각각 와겸유돌(窩鉗乳突)을 기준으로 하여야 하니 사상(四象)이 좋고, 성형(星形)이 명백하면 현혹됨이 없이 간략한 이치를 얻을 것이다.

1. 정체혈성(正體穴星)

정체혈성은 성신의 두면(頭面)이 단정한 것을 말하는데 오행의 정기를 모아 융결되는 것이므로 성체가 청수(淸秀)하고 용이 상격(上格)에 속하면 극품(極品)의 귀(貴)가 되는 것이나 어수선하고 탁하면 정격이 될 수 없으니 소귀거부(小貴巨富)에 그친다.

2. 측뇌혈성(側腦穴星)

측뇌혈성은 성신의 두뇌가 편사(偏斜)하고 형세가 기울어진 것을 말한다. 이 측뇌 혈성에서는 섬교장기(閃巧藏奇)이므로 반드시 낙탁(樂托)으로서 기준을 삼는 것이니 성체가 청수하고 용이 상격이면 귀(貴)와 권(權)이 있고 방탁(龐濁)하면 용(龍)이 정격(正格)이 아니므로 인색하거나 풍성한 부자가 난다.

3. 평면혈성(平面穴星)

평면혈성은 성신이 땅에 누워 형체가 평평한 것이다. 이 혈성은 고저의 차이는 있으나 구성(九星)은 다르지 않다. 성체가 청수하고 용이 상격이면 부귀가 오래 가지만, 방탁(龐濁)하면 부(富)만 크게 나온다.

※ 많은 지리학 중에 설천기(洩天機)보다 자세한 것이 없고 그 설천기에 구성과 구변이 있어서 정체(正體), 개구(開口), 현유(縣乳), 궁각(弓脚), 쌍비(雙臂), 단고(單股), 측뇌(側腦), 몰골(沒骨), 평면(平面) 중에 어느 곳이나 묘를 쓸 수 있는데 어찌하여 정체(正體), 측뇌(側腦), 평면(平面)을 삼대 혈성이라 하는가? 답왈(答曰), 설천기의 혈법이 정미(精美)함은 인정하나 구변(九變)에 얽매이면 혈성(穴星)과 혈형(穴形)이 혼란스럽기 때문이다.

　※ 혈성(穴星) : 태양(太陽), 태음(太陰), 금수(金水), 천재(天財), 자기(紫氣), 조화(燥火), 소탕(掃蕩), 고요(孤曜), 천강(天罡) 등을 혈구성(穴九星)이라 한다.

※ 혈형(穴形) : 와(窩), 겸(鉗), 유(乳), 돌(突)

   이상의 혈성에 와, 겸, 유, 돌이 없고 삼체(正體, 側腦, 平面)만으로 하장(下葬)할 수 없다.

   즉, 개구(開口)는 와형혈(窩形穴)을 말하고 현유(縣乳)는 즉, 유형혈(乳形穴)을 말하고 궁각(弓脚), 쌍비(雙臂), 단고(單股)는 겸형혈(鉗形穴)의 와(窩)를 말하는 것이니 이와 같이 혈형(穴形)과 혈성(穴星)이 중복됨을 피하기 위해 삼대혈성에 와겸유돌의 형만을 말하면 요금정 선사의 구변(九變)이 모두 포함된다.

혈성의 제형(諸形)

1. 금성형(金星形)

금성형은 둥근 것인데 상하(上下)가 모두 둥근 것은 태양금(太陽金)이고 상(上)은 둥근데 방(方)을 대(帶)하면 태음금(太陰金)이다.

1) 정체금성은 형(形)이 둥글고 단정하며 혈은 가운데 맺는다.

2) 측뇌금성은 형(形)이 둥글고 신은 기울고 혈은 방(旁)에 진다.

3) 평면금성은 면이 앙(仰)이며 신(身)은 둥글어 혈은 정(頂)에 진다.

2. 목성형(木星形)

목성은 곧은 것이니

1) 정체목성은 두원(頭圓)하고 신(身)은 용(聳)하며 단정(端正)한데 혈(穴)은 중(中)에서 결(結)한다.

2) 측뇌목성은 두원신용(頭圓身聳)하나 옆으로 기울어진 것이며 혈(穴)은 방(傍)에서 맺는다.

3) 평면목성은 면(面)은 앙(仰)하고 신(身)은 평장(平長)하고 석(碩)한데 혈(穴)은 절포(節苞)에서 맺는다.

3. 수성형(水星形)

수성은 곡(曲)한 것이니

1) 정체수성은 두원(頭圓)하고 신곡(身曲)하고 단정(端正)하여 혈(穴)은 중결(中

結)한다.

2) 측뇌수성은 두원신곡(頭圓身曲)하나 기울어져 혈(穴)은 방(傍)에서 맺는다.

3) 평면수성은 면앙(面仰)하여 신곡(身曲)하나 도지(倒地)하니 혈(穴)은 정(頂)에 맺는다.

4. 화성형(火星形)

화성에는 혈(穴)이 맺지 않는다.

혹자(或者)가 묻기를, 오성(五星)이 다 생물의 이치가 있거늘 화성만이 홀로 혈이 맺지 못함은 왜인가? 답왈(答曰), 화성은 지극히 조(燥)하여 금(金)이 들어가면 녹고, 목(木)이 들면 타고, 수(水)가 들면 마르고, 토(土)가 들면 볶이는 고로 혈이 맺지 못한다.

그러나 화성이 혈(穴)의 습기(習氣)가 되거나 용(龍)의 조(祖)가 되거나 전파(前破)가 되면 아름다운 것이다. "곽박(郭博)의 장서(葬緖)에 따르면 승금(乘金), 상수(相水)와 혈상(穴上)의 인목(印木)이 좋다고 하지만 화(火)에는 따르지 못한다." 하였다.

5. 토성형(土星形)

토성형은 모가 난 방(方)이니

1) 정체토성은 두방신평(頭方身平)하여 단정(端正)하다. 혈(穴)은 중결(中結)한다.

2) 측뇌토성은 두방신평(頭方身平)하나 기울어져 혈(穴)은 방결(傍結)한다.

3) 요뇌토성은 두방중요(頭方中凹)하고 신평(身平)하고 혈(穴)은 요하(凹下)에 맺는다.

이상의 오성은 상생하여 지형(地形)을 이루지만 상극하여서 지형을 이루기도 한다. 대개 금(金)은 불빛이 아니면 그릇을 이루지 못하고 목(木)은 금(金)으로 깎지 아니하면 재목을 이루지 못하고 수(水)는 토(土)가 아니라면 넓은 호수를 이루지 못하며 화(火)는 수(水)의 제지(制止)가 아니면 모두가 불타버리고 토(土)는 목(木)이 흩트리지 않으면 흙이 굳어버리니 금(金)이 화(火)를 얻어야 정교함을 더하고 목(木)은 금(金)의 인연으로 훌륭한 그릇을 이루고 수(水)는 토(土)를 만나야 고일 수 있으며 화(火)는 수(水)를 얻어야 수화(水火)의 기제(旣齊)가 되고 토(土)는 목(木)의 힘으로 소통(疏通)을 이루니 이것이 모두 도리어 상극(相剋)을 얻음으로 이루어지는 것이 된다.

또한 오행의 성쇠를 볼 것 같으면 금(金)이 성(盛)하면 화(火)는 꺼지고 목(木)이 성하면 금(金)이 결여되고 수(水)가 성하면 토(土)가 무너지고(崩) 화(火)가 성하면 수(水)가 말라버리고 목(木)이 약하면 화(火)가 멸하며 수(水)가 약하면 목(木)이 마르고 화(火)가 약하면 토(土)가 쇠하며 토(土)가 약하면 금(金)이 패절하게 된다.

[39도] 正五星

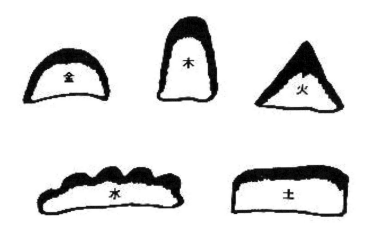

산의 생김새를 오성으로 나누었다.

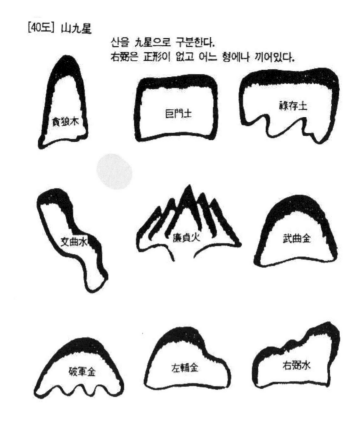

[40도] 山九星

산을 九星으로 구분한다.
右弼은 正形이 없고 어느 형에나 끼어있다.

貪狼木

巨門土

祿存土

文曲水

廉貞火

武曲金

破軍金

左輔金

右弼水

　금(金)이 약하면 토(土)를 사랑하게 되고 토(土)가 약하면 능히 금(金)을 생하지 못한다. 화(火)는 본래 극금(剋金)하지만 금(金)이 성(盛)하면 화극(火剋)을 생각지 못하게 된다.

　본주(本主)의 금성이 왕성할 것 같으면 화(火)로 제(制)함이 마땅하며 수(水)를 보아 설기하여야 한다. 금성이 쇠약하면 토(土)로서 생(生)하고 금(金)으로 부조(扶助)한다. 이러함이 금성(金星)이 중화(中和)의 기운을 얻는 것이니 극설(剋泄)이 마땅치 않은 것은 생부(生扶)가 많지 않기 때문이다.

　다른 유형도 이처럼 추지(推知)할 것이며 이상의 변통(變通)의 설(說)과 생극(生剋)의 이치를 알아야 작용의 묘(妙)를 알게 되어 오직 순(順)하는 이치만을 쓰려하지는 않을 것이다.

혈을 구성으로 나눈다.

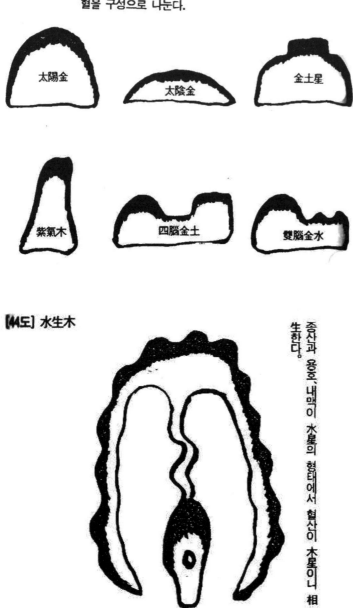

太陽金

太陰金

金土星

紫氣木

四腦金土

雙腦金水

[44도] 水生木

주산과 용호, 내맥이 水星의 형태에서 혈산이 木星이니 相生한다.

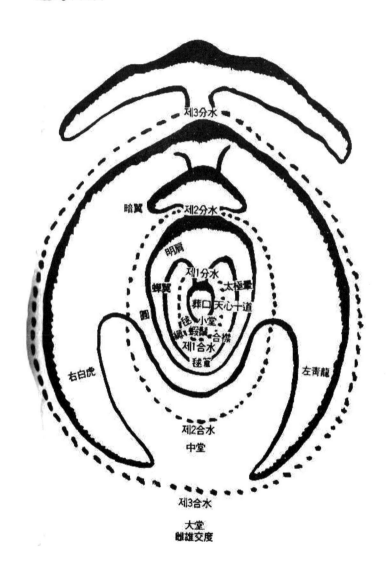

⫶ 혈법론

산을 살펴보는 것이 또한 사람을 살펴보는 것과 같으며, 혈을 소점하는 것은 오히려 뜸쑥을 점검하는 것과 같다. 하나의 털끝만큼이 천리(千里)이니 하나가 만산(萬山)을 가리킴이니라.

사람의 부위를 빌려 혈을 말하고자 한다. 산을 보는 법이 사람을 보는 법과 같다고 할 수 있다. 용(龍)이 입수(入首)한 일절(一節)은 사람의 면부(面部)와 같고 산이 둥근 꼭대기는 사람의 머리가 둥근 것과 같다. 뾰족한 봉(峰)도 있지만 둥근 체(體)를 가진다.

둥근 정상에는 맥적(脈跡)이 나타나지 않지만, 만약 맥적이 노출되어 분수(分水)가 있게 되면 个자(字)로 갈라지는 관정맥(貫頂脈)이 된다. 즉 혈성(穴星)의 뇌 뒤에서 들어오는 맥이니 맥적이 노출되지 않아야 한다. 만약 외롭게 노출된 내맥(內脈)이라면 투정(透頂)이라고 하여 참된 용맥이라 하지 않는다.

그러므로 성신(星辰)이 낙맥(落脈)하여 결혈(結穴)하려면 반드시 원정(圓淨)하여 은은하고 다시 아래로는 미돌(微突)이 일어나야 한다. 여기를 화생뇌(化生腦)라고 하며 사람의 머리 아래 이마가 솟은 곳에 해당한다. 위에서 분수(分水)가 되는 것을 대팔자(大八字)라고 하며 사람의 이마 옆으로 양쪽이 나누어진 곳에 해당하며 조금 돌(突)하여 양편으로 음사(陰沙)가 되는 곳이 이름하여 선익사(蟬翼沙)라고 부르며 사람의 양 눈썹에 해당한다. 다음 돌출한 아래의 가운데로 한 선이 드리워져 맥의 자취가 되니 이름하여 个자(字)로 두 갈래를 이루니 사람 이마 아래의 산근(山根 : 콧등)에 해당한다. 일선(一線)의 맥이 대략 굵은 덩어리로 서서히 높아져서 둥근 구첨(毬詹)을 만들면 사람의 콧등에 해당한다. 양쪽 곁으로 분수(分水)하게 되어 소팔자(小八字)가 됨은 사람의 양 눈과 같다. 둥근 아래에서 이루어진 혈은 사람의 코 아래의 인중(人中)과 같다. 혈의 구첨(毬詹)은 사람의 입부리와 같다.

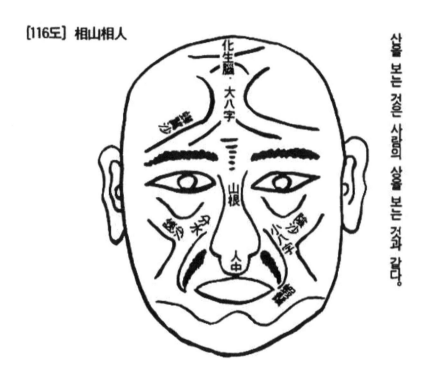

[116도] 相山相人

산을 보는 것은 사람의 상을 보는 것과 같다.

　평탄한 곳은 소명당(小明堂)이라 하며 사람 입과 같고 양옆의 분수(分水)가 미미(微微)하게 교(交)하여 소명당(小明堂) 안으로 모여들고 하수(蝦鬚)는 사람의 콧수염과 같다. 양변(兩邊)으로 미미한 음사(陰沙)는 사람의 뺨과 같고 음사가 미미하여 소명당을 교포(交抱)하여 내려오면 사람의 아래턱과 같다.

　또한, 세 가지 혈이 있으니 상취와 중취와 하취로 구분한다. 상취(上聚)의 혈(穴)은 아이의 머리와 같아서 아이가 처음에 태어나면 정수리가 가득하지 못하고 약간 와형(窩形)이 있는 것과 같은 모양이니 즉 산꼭대기에서 와혈(窩穴)을 이룬다. 중취(中聚)의 혈은, 사람의 심장이 있는 위치에 해당하여 양방(兩旁)의 간장(肝臟)이 용호(龍虎)가 된다.

하취(下聚)의 혈은, 사람의 음낭(陰囊)과 같아 양족(兩足)이 용호(龍虎)가 된다. 측뇌(側腦)와 몰골(沒骨)의 혈(穴)들은 얼굴의 복덕궁에 해당하고, 개구(開口)하여 혈을 이루면 가슴 아래 명치나 음부에 해당한다.

이렇듯 산(山)의 모양을 보는 것이 사람의 모양을 보는 것과 같다 하겠다. 오직 세심하게 보아야만 할 것이며, 점혈(點穴)하는 법칙은 당연히 마음을 모아 눈으로 맥(脈)을 보아야 한다. 정기(正氣)는 정중(正中)에 모이는 것인데 흡족히 좋은 곳에서 금정(金井)을 열고 관(棺)을 내리면 맥을 접하여 승기(乘氣)하지 아니할 것인가.

의자(醫者)가 백 가지의 병을 고치려 약초를 고를 때, 참으로 조금의 차이도 있지 않아야 하는 것 같음이다. 만약 차질이 생긴다면 털끝만큼의 오류(誤謬)라도 천리(千里)의 차이를 불러올 것이다.

한번 가리키는 방향이 첩첩으로 만산(萬山)을 격(隔)하였으니 가히 삼가지 않을 수 있으랴. 양공(楊公)이 말하기를 "대개 점혈(點穴)함은, 한 가지의 모양이 아니므로 내리는 모양의 형세(形勢)에 따라 성상(星象)과 합하는 것이다."라고 하였다.

사람으로 비유하건대 침구(針灸)하는 혈자리마다 모두 처방하려 한다면 당연히 침구의 참됨을 잃게 되고 말 것이다. 한번 지적하는 것의 격차(隔差)가 목숨이 죽음에 연결되는 것인 만큼 점혈(點穴)은 근신하여야 함을 요한다. 그러나 혈법이 비록 수다(數多)하나 크게 중요한 것은 음래(陰來)하면 양수(陽受)하고, 양래(陽來)하면 음수(陰受)하는 것을 벗어날 수 없다.

복장(覆掌), 검척(劍脊), 협급(峽急), 강경(剛硬) 등으로 흘러오면 모두 음맥

(陰脈)이요, 음맥(陰脈)으로 낙혈(落穴)하면 반드시 화하여 와(窩)를 열고 오목한 양(陽)으로 받아들여야 한다.

와(窩)가 깊거나 오목함이 얕으면 이에 노양(老陽)이나 소양(小陽)의 상(象)이 된다. 양(陽)으로 오면 앙장(仰掌)하고 평완(平緩)하고 유연(柔軟)하다. 양맥(陽脈)으로 낙혈(落穴) 반드시 토출(吐出) 유돌(乳突)한 음(陰)으로 받아들여야 한다. 돌(突)이 크거나 유(乳)가 작으면 이것은 노음(老陰)·소음(小陰)의 상(象)이 되는 것이다.

또 와중(窩中)에 돌(突)도 있고 돌(突)한 꼭대기에 오목한 곳도 있으니 이런 것은 음극양생(陰極陽生)과 양극음생(陽極陰生)의 묘함이다. 황묘응(黃妙應)의 말에 "천하도리(天下道理)가 음양오행(陰陽五行)이라, 음양오행은 한결같이 떠날 수 없는 것이다."라고 하였다.

태극(太極)을 읽고 그림을 그려 가지기를 백옥(白玉)의 단단함처럼 하고, 태극(太極)의 건(乾)이 곤(坤)으로 선전(旋轉)함은 자연적임을 익히 알고, 태극훈(太極暈)의 안에서 사상(四象)의 모양이 사람의 움직임과 하나임을 알아야 한다. 태극훈의 중심은 상음(上陰)과 하양(下陽)이 있으며, 또는 상양(上陽)과 하음(下陰)이 있으며, 변음(變陰)과 변양(變陽)이 있으며, 또한 양(陽)이 음반(陰半)을 교(交)하고, 음(陰)이 양반(陽半)을 교(交)하기도 한다.

음양의 정분후박(情分厚薄)을 분별치 못한다면, 이 때는 땅의 비옥함과 척박함에 있는 것이니, 먼저 음양분별을 혈중(穴中) 증좌(證佐)의 미묘함으로 하여야 한다. 또한 진사진수(眞沙眞水)가 붙어 있어서 혈을 증명해 주는 것을 찾는 것이 첩경의 법이다. 태극훈(太極暈)의 사(沙)는 두 가지가 있으니 선익(蟬翼)과 우각(牛角)이며, 태극훈의 수(水)가 두 가지가 있으니 하수(蝦水)와 해안(蟹眼)이다.

그리고 와염(窩髥)의 혈을 증명하는 것은 양고(兩股)와 우각(牛角)의 사(沙)이다. 여기에서 한방울의 작은 물이라도 끼고 있음이 해안사(蟹眼沙)이다. 또한 유돌(乳突)의 혈을 증명하는 것은 양편(兩便)에 선익사(蟬翼沙)가 있음이다.

여기에서 양고(兩股)와 경계를 만드는 것이 하수(蝦鬚)이다. 이러한 수(水)는 다 소명당의 내에서 합하게 된다.

사(沙)는 변후 변박 변장 변단(邊厚, 邊薄, 邊長, 邊短 : 후하고 박하고 길고 짧고)하고, 수(水)는 고명 고암 변유 변무(股明, 股暗, 邊有, 邊無 : 보이고 안 보이고 있고, 없고) 한다. 사수(沙水)의 음양(陰陽)을 분별하여 혈중(穴中) 생기(生氣)의 증명으로 삼는 것이다.

그러므로 태극훈(太極暈)은 진사진수(眞沙眞水)가 있어 모두 은은(隱隱)하여야 한다. 그리하여 있는 것 같기도 하고 없는 것 같기도 하다. 쑥 같은 잡풀은 없으며 초목은 자라지 못해 모지라지는 곳에서 볼 수 있게 된다.

점혈(點穴)의 비결은 모두 도장(倒杖)에서 나오는 것이니 도장(倒杖)은 양공(楊公)의 표준된 중요한 법으로 입혈(立穴)하여 하관(下棺)하는 일관(一貫)된 표본(表本)이다. 비록 혈이 무궁하게 변하나 법은 총 십이개(十二個)이니 이것은 변통(變通)할 수 있다면 얼마를 점혈(點穴)하더라도 차이는 없을 것이다. 도장용법(倒杖用法)과 아울러 도설(圖設)을 참조하길 바란다.

일설(一說)에 태극훈(太極暈)은 전체의 훈(暈)도 있고 반(半)의 운훈(暈)도 있으니, 전훈(全暈)은 자연히 중앙에 거함이 마땅함을 의심할 것 없고 반훈(半暈)은 좌혈(左穴)에 거(居)함이 마땅하면 좌반(左半)에 있고, 훈(暈)이 우혈(右穴)에 있으면 우(右)에 거(居)함이 마땅하다.

전훈(全暈)은 정상에서 다시 보아 1, 2로 나누어 훈(暈)의 핵(核)을 중심으로 삼고 반훈(半暈)은 2 또는 3을 더하여 아미의 달모양을 만들어 그 중심을 훈(暈)으로 삼는다. 이를 천륜영(天輪影)이라고 하며 귀(貴)하고 미묘(微妙)한 법이다.

일설(一說)에서는 산(山)을 보는 것이 사람을 보는 것과 같다고 하였다. 사람이 대소장단(大小長短)으로 미악귀천(美惡貴賤)이 있으니 산(山)도 고저(高

低), 비수(肥瘦), 사정(斜正), 조세(粗細)가 있음이니 산을 보는 것이 사람을 보는 것과 또한 같다고 하여 그 대개를 논하였다. 이상으로 점혈(點穴)의 이치를 상세하게 말하였다.

위에서 말한 하수(蝦鬚)란, 유혈(乳穴)의 양쪽 곁으로 미미하게 돌기하고 저함하게 이어짐이 하수(蝦鬚)와 같다하여 여기에서 흐르는 물은 하수수(蝦鬚水)라 한다.

해안(蟹眼)이란, 와염으로 동그란 능선 위의 양곁으로 미미하게 저함한 일점(一占)이 해안과 같아 여기에서 흐르는 물을 해안수(蟹眼水)라 한다.

금어수(金魚水)란, 물고기는 입으로 물을 마시고 뺨으로 내는 데 오직 금어(金魚)는 뺨으로 물을 마시고 입으로 낸다. 볼로 마시는 것은 나누어짐을 보는 것이고 입으로 나가는 것은 그 합함을 볼 수 있는 것이다. 이것을 유혈(乳穴)의 분합수(分合水)로 비유한다. 하수(蝦水)라고 이름을 붙인 것은 뒤에서 나누어지고 앞에서 합하기 때문이다. 그 이름은 다르지만, 그 수(水)는 같은 셈이다. 총체적으로 비유하자면 분합(分合)은 한 번뿐이나 이름은 여러 가지로 붙인 셈이 된다.

선익(蟬翼)이란, 유돌(乳突)의 곁에서 생기는 것으로 용호(龍虎)의 안에서 경박(輕薄)하게 혈장에 숨어 붙어서 미망(微茫)으로 환포하여 있다. 매미의 날개에는 큰 날개와 속의 얇은 날개가 있으니 이것이 경익(硬翼)과 연익(軟翼)이되며 합쳐서 선익사(蟬翼沙)라 한다.

우각(牛角)이란, 와염(窩鬙)의 아래에서 생기어 용호(龍虎)의 안에 숨어있다. 만환원정(灣環圓淨)하고 교포유정(交抱有情)하여야 한다. 우각(牛角)의 모양 같으므로 우각사(牛角沙)라 한다.

또한 금어사(金魚沙)라고 하는 것은 저소하게 혈장에 붙어 있는 사(沙)이니 귀인이 허리의 사이에 찰 수 있는 금어(金魚)와 같다 하여 금어사(金魚沙)라 한다. 이 여러 가지의 이름은 진수진사(眞水眞沙)가 되어야 만이 진혈(眞穴)의 증좌(證佐)가 될 수 있다.

만약 산룡(山龍)이 결혈(結穴)하는 곳에 전지(田地)가 개간되어 그 본래의 모양이 없어지면 증좌(證佐)는 모름지기 재삼 신중히 살펴야 하며 가히 함부로 점혈치 못할 것이다. 평양에서의 용(龍)은 이것과는 다르다.

■ 석산, 토산의 혈

석산의 토혈은 높고 험하면 불길하고 토산석혈은 온유함이 기이하다. 즉, 석산의 토혈은 거칠지 않고 부드러워야 하고 토산의 석혈 또한 부드럽고 윤기 있으며 따듯한 기운이 있어야 한다. 점혈하려면, 토혈과 석혈을 구분하여야 하는데 토산에 석혈로 맺어지면 그 혈 중에 석(石)은 온화하고 자윤(滋潤)하여야 하며 아름답고 선명하여야 한다.

비유하자면 금이나 옥과 같고 산호와 호박과도 같다. 흔적이 황색으로 불그스레하고 석중(石中)에 아름다운 문체가 있고 오색을 갖추어서 비석비토(非石非土)이면 기이(基異)한 혈장이다. 만약, 청홍색으로 굳어져서 호미나 삽으로 파지 못 할 정도이면 혈이 아니다. 오기(五氣)가 엉키어서 이루어진 색은 금백(金白), 목청(木靑), 수흑(水黑), 화적(火赤), 토황(土黃)이다.

오색 중에서 오직 황색이 그 중심을 차지함으로 순황색을 상(上)으로 삼으며 홍황색(紅黃色)이 아름다우며 백색이 사이사이 있어도 좋다. 그러나 흑색은 불길하고 청색(靑色) 또한 마땅치 못하다. 장서(葬書)에는 음양이 충화하니 오색토에서 넷을 갖추라 하였으니 흑색은 쓰지 말라 하였다. 석산에서 토혈로 맺어지는 흙이 미세하고 아름다운 빛이 흘러야 한다. 만약 높고 험하며 조잡하고 완둔하면 좋지 않다. 혈중의 토는 미세하며 기름진 빛이 나고 부드러워야 한다. 비유하자면, 비단 같은 천에 여러가지 문체가 있는 것처럼 꽃을 수놓은 것 같고 흙이지만 흙이 아닌 것 같이 참으로 묘한 것이다.

또한 4면이 모두 암석으로 되어 있으나 오직 중앙은 순토로 되어 있어 근근이 관이 들어갈 수 있을 정도로 팔 수 있다면 천연의 혈이니 정령(精令)이 융결한 절묘(絕妙)한 곳이다. 또한 토(土)산에 토혈(土穴)이라도 혈토(穴土)는 옆의 다른 곳 흙과는 다른 흙이어야 기이한 것이다.

석산(石山)에 석혈(石穴)이 있으면 그곳은 미세하고 부드러워 호미로도 팔수 있어야 한다. 이때 필요한 것은 좋은 흙으로 교환하여 금정(金井)을 덮으면 화기(和氣)가 더욱 묘하게 된다. 대략, 흙의 증명은 기(氣), 색(色), 질(質) 세가지인데, 기(氣)는 자윤(滋潤)하고 색(色)은 선명해야 좋으며 질(質)은 부드러워야 좋다. 이것은 선천(先天)의 원기(元氣)가 융결된 바로서 나무가 자라는 흙과는 비교하지 않는다. 혈중(穴中)의 깊이는 마땅히 기가 차 있는 곳을 기준으로 삼는다.

조심해야 할 산

- 음양 교구가 되지 못한 산
- 초목이 잘 살지 못한 산
- 기맥이 접속하지 못한 산
- 단단한 암석이 있는 산
- 청룡·백호가 향혈하지 못한 산
- 다른 사람의 묘에 가까이 구하는 것
- 장사 택일 후 괴이한 일이 생길 경우
- 물이 급류로 흐르는 곳
- 사당이나 절 주위
- 산세가 무정한 곳

- 바람소리가 우는 소리처럼 들리는 곳 (예. 제주)
- 옹종하거나 혈성의 머리 부분이 깨진 곳 등이 있다.

기룡혈(騎龍穴)

풍수사들이 제일 조심해야 할 것이 기룡혈이다. 인체에 비유하자면 누운 사람의 척추에 해당되어 거의 혈이 맺지 않는다. "10개 혈중 9개가 아니다." 라고 할 정도이다.

나성(羅城), 원국(垣局)

혈장을 중심에 두고 많은 산들이 주위를 감싸며 마치 성곽을 둘러쌓은 것처럼 가까운 산은 낮고 그다음은 약간 높고 멀리 있는 산은 더 높아 둥그스름하면 길하다.

천문(天門), 지호(地戶)

물이 혈장 앞으로 들어오는 것을 천문이라 하는데 넓게 많이 보이면 좋고, 또 물이 나가는 곳을 지호라고 하는데 좁게 보이지 않아야 좋은 혈이다.

하수사(下收砂)

물이 나가는 곳을 하수라 하는데 흐르는 물을 산이 막아주어야 혈장의 기를 갈무리한다. 혈을 결정하는데 매우 중요하다. 어떠한 혈이든 하사나 하수사를 꼭 확인하는 습관을 길러야 한다.

수구사(水口砂)

물이 빠져나가는 양쪽 언덕의 작은 산을 말한 것으로, 곧게 빠져나가지 않게 막아주는 역할이다. 대지대혈(大地大穴)에는 수구사 내 인홀(印笏), 금수(禽獸), 구사(龜蛇), 사상(獅象), 일월(日月), 한문(捍門) 등의 모양으로 촘촘히 감싸야 한다.

관귀금요(官鬼禽曜)

진혈의 전후좌우에 있는 산을 말한다. 앞에 있으면 관성(官星), 뒤에는 귀성(鬼星), 용호 밖에 있으면 요성이라 한다. 모두 혈의 증거가 된다.

사(砂)

풍수의 대강에 용혈사수(龍穴砂水)의 4대 요소이며 혈의 전후좌우의 모든 산을 말한다. 보는 방법은 첨원방정(尖圓方正)은 좋고 기울거나 역으로 되는 것은 흉하다.

따라서 유정하고 광채가 있으면 길하고 무정하고 추악하게 보이면 흉하다. 문필(文筆)이나 옥인(玉印), 관모(官帽), 병풍 같은 것은 좋고, 칼끝처럼 뾰족하고 산면이 찢어지거나 시신처럼 무력하면 흉하다. 둥글고 통통하게 살이 찐 것처럼 보이면 부(富)를, 깨끗하고 빼어난 것은 귀(貴)를 뜻한다고 본다.

모든 사는 길흉이 있는데 일일이 설명하기 어렵다. 용혈은 주인과 같고 사수는 손님에 비유한 바 있는데, 용혈이 높고 귀하면 사수도 또한 높고 귀하며 간혹 흠결이 있는 사(砂)가 보이는 것은 지무십전(地無十全)이라고 하여 완전한 명당이 없다는 것이다.

옥대사(玉帶砂)나 어병사(御屛砂), 또는 필봉(筆峰), 일자문성(一字文星), 마사(馬砂) 등등은 귀한 모습이나 시루사(嘶淚砂), 타흉사(打胸砂), 포두사(抱頭砂) 등등은 흉한 것이다. 이상과 같이 사(砂)의 길흉(吉凶)은 거의 정확하다.

예를 들면, 필봉의 경우 어느 방에 있느냐에 따라서 청룡방에 있으면 장손, 백호방은 지손과 여자, 앞에 있으면 중남에서 대학자, 교수, 시인 등이 배출된다. 이것을 득위득지(得位得地)라 한다. 특히 문필사는 손방(巽方)에 있으면 소년 장원하고 마사(馬砂)가 곤방(坤方)에 있으면 제상마가 된다.

다만 거리의 멀고 가까움에 따라 발복이 차이가 있다. 가까우면 힘이 강하고 멀리 있으면 그만큼 약해진다. 용호는 지밀(至密), 용호 밖은 입회(入懷), 먼 곳에 있으면 조림(照臨)이라 한다.

또한 천사(賤砂)에 주의하여야 하는데, 매우 어렵다. 보기에 무정하고 누추한 모양, 즉 형(刑), 충(沖), 파(破), 해(害)한 것은 불리하다. 또 시관사(屍棺砂), 헌화사(獻花砂), 헌군사(掀裙砂), 포두사(抱頭砂), 규봉(窺峰) 등등이다.

그러나 흉사(凶砂) 또한 형국에 맞으면 길사가 된다. 예를 들면, 아형(鴉形)에는 시사(屍砂), 또 장군대좌에는 검사(劍砂) 등은 도리어 길이다. 목형산은 귀인, 문필, 금형산은 관인, 재고, 화성은 탁기(卓旗), 토형산은 명주(明珠) 등등이 있으나 모양이 비슷하여 구분하기가 매우 어렵다.

청룡 · 백호
우리 인체에 비유하면 가슴 부위의 혈장, 왼쪽 팔을 청룡, 오른팔을 백호라 한다. 고구려 벽화의 4신사 즉, 청룡, 백호, 주작, 현무, 중앙의 황룡이라 하여 우주의 동서남북, 중앙에 그곳을 관장하는 영물에서 유래하였다.

북쪽의 현무는 어두운 북방을 뜻하며 신구(神龜)라고도 하며 남쪽의 주작(朱雀)은 붉은색으로 표기하며 영작(靈雀)이라고도 하며 왼쪽의 청룡은 파란색, 오른쪽의 백호(白虎)는 백색, 중앙의 노란색 등으로 표기하여 매우 중요한 동양철학의 근간이다. 청룡과 백호의 역할이 혈을 보호하는 근접경호원, 즉 바람과 물이 들어오지 않도록 막아주는 역할이다.

풍수에서는 생기가 뭉쳐(융취) 있는 곳을 찾는 것이다. 이상의 생기는 바람을 만나면 흩어지기 때문에 생기를 보호하기 위해 전후좌우에 사신사를 두고 있다. 용호가 혈장보다 대등하게 약간 높고 부드럽고 순한 모습으로 조혈하여야 길상이다.

구성구변(九星九變)

九變＼九星	長體	倭體	肥體	瘦體	聚氣	合形	破相	斜頂	仰面
太陽	鍾	釜	富格	貴格	主貴 낙태	金相 玉印	霞城	旗類	金盤
太陰	眼弓	文星	金船	娥眉	對鏡	屏笏	金冠	蓋錢	玉帶 거울
金水	翔鳳	官帽	駕鶴(高) 玉輦(低)	金龜	鳳凰(肥) 仙鶴(수)	笏	錦帳	駱駝	花
紫氣	人形		貴人	筆	奉誥	貴人	大將	旌節	笛
凹腦	玉案	展誥		交床	講座	展誥		獅子	琴
雙腦	天馬	驛馬	준마	凶	五馬行春		帶甲馬	出陣馬	臥弓
平腦	御屏	敕文	玉屏	象簡	御街	侍講	懸簾	갓집	方盤
天罡	御傘 (不宜正案)	투구 단두산	車蓋	銀甕	天槍	軍營	堆甲		
孤曜	寶庫	金構	鼓	鉢盂	寶幢		獻花	履杓	仙掌

▲燥火는 창·칼·기의 형상이 많고 掃湯은 물고기·조개 형상이 많다.

조안

　혈장 전면에 있는 산을 총칭한 말이다. 즉, 멀리 있는 조산, 앞에 있는 안산을 합성한 말이다. 안(案)산은 글자 뜻대로 책상처럼 혈 앞에 낮은 산이고, 조(朝)산은 안산 다음, 또 그다음 산들을 말한다. 특히, 안산은 꼭 찾아봐야 한다. 혈 앞의 물이 곧바로 나가는 것을 막아 혈장의 기가 빠져나가는 것을 막아주고 안산 넘어 조산 사이의 외명당이 구비되어 순한 기운으로 혈장과 조산이 양반과 귀한 손님이 응대하는 것과 같다.

여기에서 주의할 점은, 달아나는 모양, 첨사, 파쇄, 배반의 모양은 흉하고 단정하고 아름답게 혈장을 감싸고 보호하면 길상이다. 즉, 유정만포하고 개면 향혈하면 안산의 임무 완성이다.

조산

상기 안산 넘어 혈장에서 보이는 모든 산을 말한다. 혈장을 향하여 유정하게, 주산과 높이와 크기가 비슷하여야 하며 신하가 군왕에게 자식이 부모에게 공대하는 듯한 모습이라야 길상이다.

특히 먼 곳으로부터 두세 개의 물줄기가 엎드려 절하듯이 혈 앞에 당도하는 것이 아주 좋은 조산이다.

조산은 멀고 가까움에 따라 혈의 역량이 크고 작다. 먼저 내룡의 역량이 크고 장원하여야 멀리 있는 아름다운 조산도 혈의 영향력에 조응한다.

앞에 있는 사(砂)가 여러 겹으로 층층을 이루고 아름답고 기이하면 길하고, 반대로 비슷한 산봉우리들이 너무 많아 특이한 봉우리가 없고, 정을 주는 봉우리가 없으니 조안난잡이라 한다. "택기특달(澤其特達)"이다.

전응후조(前應後照)

안산과 조산을, 즉 앞에 있는 산을 전응이라 하고 현무정 뒤에 있는 산을 후조라 한다. 다른 말로 전장후병(前帳後屛)이라고도 한다. 전응은 안산 앞에 약간 낮게 솟아 있어 단정하고 유정하게 혈을 향해야 한다.

또한, 후조는 현무정 뒤에서 혈장을 감싸주어야 하므로 병풍이나 장막과 같아야 한다. 전응후조가 여러 겹이면 더욱 좋고, 전응보다 후조가 더욱 중요하다.

사신사(四神砂) 길흉

현무는 북방칠숙(北方七宿)[1]의 이름이다. 그 모양이 거북이와 같이 머리를 숙이고 정중하여 은은한 것이 좋고 만약 머리를 쳐들고 있으면 거시(拒屍)라 하여 혈을 맺지 않는다.

청룡은 동방칠숙(東方七宿)[2]의 이름이다. 모양이 용과 같이 길고 머리를 들어야만 조화를 부리고 비를 내리게 할 수 있다.

백호는 서방칠숙(西方七宿)[3]의 이름이다. 몸이 짧고 고개를 넙죽 엎드려야 변화를 일으키는 위엄이 있는데, 만약 고개를 들면 함시(含屍)라 하여 아주 흉하니 주의하여야 한다.

주작은 남방칠숙(南方七宿)[4]의 이름이다. 나는 새와 같은 모양으로 혈장을 감싸고 있는 형상이 좋은 것이다.

---

1) 28수 중 북방칠숙이란 정, 규, 위, 루, 장, 익, 진을 말한다.
2) 28수 중 동방칠숙이란 각, 항, 저, 방, 신, 미, 기를 말한다.
3) 28수 중 서방칠숙이란 규, 류, 위, 묘, 필, 자, 삼을 말한다.
4) 28수 중 남방칠숙이란 두, 우, 여, 허, 위, 실, 벽을 말한다.

吉砂圖

一字 文星　　半月文　　蛾眉文　　折脚文

(文星은 文顯之砂라.)

兩疊文　　三疊　　特立 武星　　雙起武　　連珠武

(武星은 武達之砂라.)

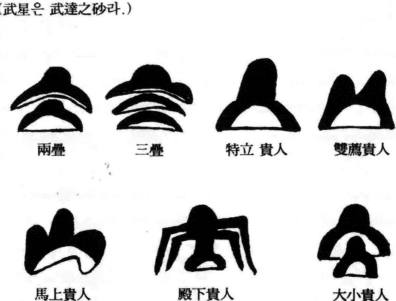

兩疊　　三疊　　特立 貴人　　雙薦貴人

馬上貴人　　殿下貴人　　大小貴人

(貴人은 出大官之砂라.)

사격(砂格)

單起牙笏　　　雙立笏　　　　床笏　　　　帳裡牙笏

(牙笏은 出鄕相公候之砂라.)

文筆　　　　　　宰相筆　　　　　　筆架

(文筆은 極貴라.)

掛傍　　　　貴人觀傍　　　　短傍　　　　長傍

사격(砂格)

席帽　　　幞頭　　　雙帽　　　進幞

(幞出小科하고 帽出文蔭이라.)

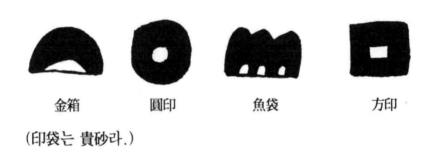

金箱　　　圓印　　　魚袋　　　方印

(印袋는 貴砂라.)

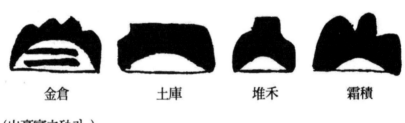

金倉　　　土庫　　　堆禾　　　霜積

(出豪富之砂라.)

사격(砂格)

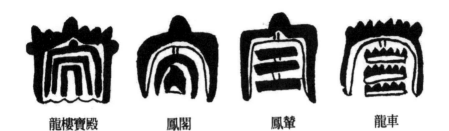

龍樓寶殿   鳳閣   鳳輦   龍車

(水木之合은 出王者之穴이라.)

玉廉   鏡坮   粧坮   香坮

(土木之合은 出王妃之穴.)

玉帶   金帶   玉屏   金屏   繡帳

(水土之合은 出一品宰輔之砂라.)

사격(砂格)

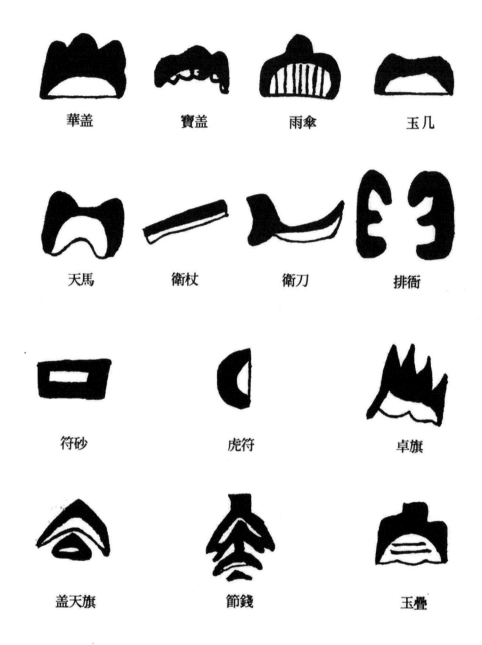

| 華盖 | 寶盖 | 雨傘 | 玉几 |

| 天馬 | 衛杖 | 衛刀 | 排衙 |

| 符砂 | 虎符 | 卓旗 |

| 盖天旗 | 節錢 | 玉疊 |

사격(砂格)

| 掛弓 | 玉箭 | 布候 | 金鷄 | 麒麟 |

凶砂類

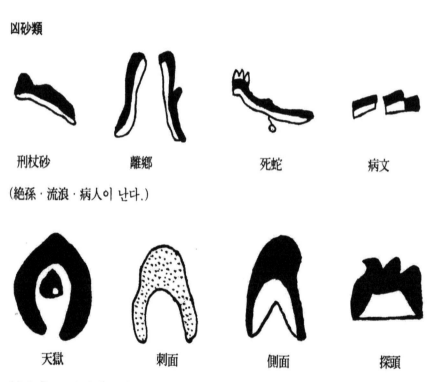

| 刑杖砂 | 離鄉 | 死蛇 | 病文 |

(絶孫·流浪·病人이 난다.)

| 天獄 | 刺面 | 側面 | 探頭 |

(貧寒하고 犯罪者가 난다.)

사격(砂格)

107

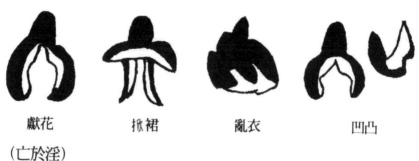

獻花   掀裙   亂衣   凹凸

(亡於淫)

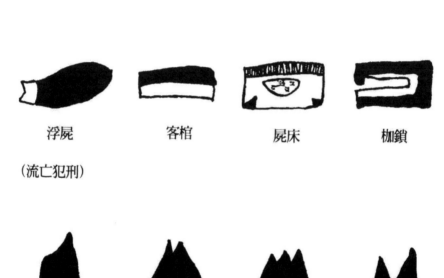

浮屍   客棺   屍床   枷鎖

(流亡犯刑)

畵筆   天筆   和尙筆   詞訟筆

(或出僧, 或心忤逆之人, 詞訟之輩)

사격(砂格)

| 伏舟 | 紋釣 | 虎咬 | 落馬 |

(溺水自鎰 落馬凶死之人)

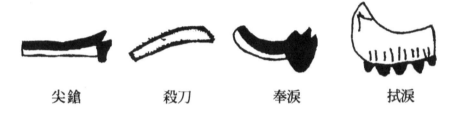

| 尖鎗 | 殺刀 | 奉淚 | 拭淚 |

(或出殺人 · 凶死 · 靑孀)

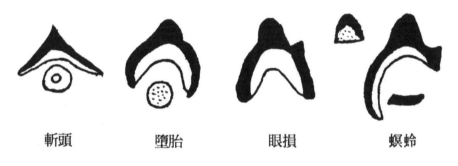

| 斬頭 | 墮胎 | 眼損 | 蜈蚣 |

(出斬頭之人眼損養子)

사격(砂格)

木杓

（出僧徒行乞之人）

鉢盂

香炉

法架

素帳

石屏

雲壇

（出法師・仙翁・方士）

禪壇

사격(砂格)

: 수(水)

　풍수지리학의 4과 중 맨 뒷부분의 하나인데, 물이 흩어져 나가면 기도 흩어지고, 혈장 앞에 물이 모이면 기도 멈추어 혈을 찾는 데에 용혈의 증거와 응험으로 잘 살펴 판단하여야 한다.

　특히 나지막한 평야에서는 용의 행지(行止)나 수계(水界)가 분명치 않아 보기 어렵다. 물은 인체에 비유하자면 피(血)와 같아 모이면 용이 멈추고 물이 쭉 뻗어 나가면 생기가 흩어지고 물이 넓고 깊으면 재물이 많고, 물이 없거나 얕으면 재물이 적다.

　물의 종류가 많으나 중요한 것만 설명키로 한다.

조수(朝水)

　혈장 앞으로 들어오는 물인데, 조래수라고도 한다. 지현굴곡(之玄屈曲)하고 깊고 느리고 부드럽게 오면 길하고 직충하거나 쏜살같이 급하여 물소리가 들리면 흉이다.

합금수(合襟水)

　상분하합(上分下合)하는 것을 말하는데, 맥은 내려오면서 물이 양쪽으로 갈라치고 맥이 그치려면 물이 합쳐지는 것으로 혈은 보통 삼분삼합(三分三合)으로 이루어진다.

　일분합은 봉분 뒤에서 떨어진 물이 봉분 좌우로 갈라져서 상석 앞에 모이는 것을 말하고(소명당),

이분합은 부모산으로부터 청룡 백호 사이 분합이고(내명당),

삼분합은 소조산에 떨어진 물이 멀리 모이는 곳을 말한다(외명당).

만약, 위에서 나누어지지 않고 아래에서 합하면 맥이 내려온 것이 없으니 혈이 아니다.

다시 일분합의 중요성을 밝히자면 혈장 안에 떨어진 빗물이 은은하게 묘 앞에 모여 장구로 흘러가는데 이것을 선익(蟬翼), 해안(蟹眼), 구첨(毬簷), 개자(个字) 등으로 표현하고 있으나 혈의 진가(眞假)를 판별하는 중요한 요소이다.

원진수(元辰水)

혈장 앞의 물이 합금처에서 청룡 · 백호 안에서 곧장 직출하지 않고 지현 굴곡하여야 길하다.

명당

밝은 마당이라 말한다. 즉 혈 앞 물이 모이는 곳이며 어전의 만조백관이 모여 있는 곳에 비유할 수 있다. 내외 명당으로 구분하며 평지에서 혈을 맺고 용호가 조밀하게 감싸며 안산까지를 내명당이라고 하고 산이 높고 급한 곳의 혈에서는 주로 외명당을 논한다. 외명당은 넓고 평평하고 내명당은 아담하고 아늑함을 필요로 한다.

명당의 길흉

길격은 교쇄, 주밀, 요포, 융취, 평탄, 조진, 대회, 관창 등등이고

흉격은 반배, 질세, 경도, 겁살, 핍착, 편측, 파쇄, 광야 명당 등으로 그림으로 설명한다.

물의 길흉

혈장 앞의 모든 물의 길흉도 모양에 따라 각각 다르다. 수수법(收水法) 중에서 먼저 살펴야 한다.

길격 : 조회수, 원진수, 취면수, 공배수, 구곡수, 창판수, 암공수, 요대수 등
으로 구분한다.

흉격 : 폭면수, 충심수, 사협수, 이두수, 견비수, 권렴수, 교검수 등등이며
자세히 살펴야 한다.

인(人) :

생(生) = 양(陽) = 혼(魂) = 자동(自動) = 천(天)

사(死) = 음(陰) = 백(魄) = 부동(不動) = 지(地)

⋮ 재혈(裁穴)과 혈토(穴土)

　모든 산은 음래양수하고 양래음수한다. 곧, 용이 양이면 혈장은 음으로 지고, 반대로 용이 음이면 혈은 양으로 맺는다. 양혈인 와겸에는 미돌처가 있고 음혈인 유돌에는 미저처가 있다. 또, 혈장이 양이면 조안은 음이 되고, 혈장이 음이면 조안은 양이 되어야 한다. 이것이 빈주상대(賓主相對)라고 말한다.

　다음으로 혈토를 설명하자면, 땅의 성질을 4개 층으로 분류하는데
1) 부토는 표토라고도 하는데, 나뭇잎 등이 썩어 있는 흙을 말한다.
2) 단토라고 하여 표면과 지중을 차단하여 혈토를 보호하는 단단한 땅이다.
3) 진토라고 하여 온도와 습도의 변화 없이 생기를 보호하는 층이다.
4) 혈토라고 하며 생기가 모여 있는 층이다. 매우 부드럽고 부조불습(不燥不濕) 비석비토(非石非土)라고 하여 항상 온기가 있어 수화기제(水火旣濟)의 상으로 관이 혈토 층에 묻히면 합격이다.
5) 노저토(爐低土)라 하여 맨 아래층의 흙인데, 약간 단단하여 이곳을 파면 파혈되니 매우 조심하여야 한다.

용혈(龍穴)

　풍수학이 형기와 이기인데 천성이기는 2~3년만 공부하면 익힐 수 있지만 형기는 십수 년이 걸릴 만큼 어려운 것이다. 천하의 모든 산이 같은 모양이 없어 이 짧은 과정에서 모두 언급하기가 쉽지 않다. 풍수지리학도 우주의 천변만화가 모두 음과 양으로 크게 구분하는 것과 같이 하나의 이치로 생각하면

쉽게 풀릴 수도 있다. 용은 풍수학에 있어서 첫 번째로 중요한 것이다. 맨 앞자리에 두어 음래양수 양래음수하고 어떠한 경우에도 음중취양 한 것이니 천 갈래 만 갈래로 나아가도 음양전변(陰陽轉變)일 뿐이다.

우리가 흔히 땅은, 아니 우주가 죽어 있어 아무 움직임이 없고 인간이 마음 대로 이용할 수 있다고 생각하기 쉬운데 크나큰 착각이다. 지구 곳곳에서 일어나는 지진, 해일, 화산 폭발, 태풍 등 현대 과학이 어찌해볼 수 없는 자연의 변화가 있다. 인간의 편리성만을 추구해 자연의 흐름을 막고 변화시켜서는 재앙을 초래한다.

용의 중요성은 태조산에서부터 시작된다. 주로 목화성(木火星)으로 높게 솟아서 수성으로 변화해 지현굴곡으로 내려와 평평하게 토성을 이루고 그 아래 소조산이 생긴다. 풍만하고 둥그런 금성은 탈살되어 입수산이 되어 혈을 맺는다. 간산하면 먼저 조종산을 보고 용세를 살펴 소조산을 보고 그 아래에서 청룡, 백호, 안산 등을 살핀 다음 혈성을 찾는다. 조종산은 높고 웅장하여 서기가 있어야 좋고, 소조산도 수려하고 단정하며 지각은 넓고 길게 뻗어 나가 행도가 조화롭고 활발하여야 좋다. 과협은 조밀하고 잘 짜여야 혈장의 기가 융취된다.

모든 산이 다정하게 감싸고 유정하여야 하며 특히 안산은 나지막이 개면향혈(開面向穴)하여야 한다. 오는 용이 장원하고 활발하고 은은하다가 씩씩하면 강인한 기상이 있어 귀한 혈을 맺는데 음래양수 양래음수하여 삼태성과 오행성을 두루 갖추게 된다.

⋮혈을 맺는 법

혈의 법이 수천 가지로 모두 다르지만, 천리내룡(千里來龍)에 일석지지(一席之地)라고 하여 용이 장원하고 세가 크면 좋지만, 혈장이 넓고 국세가 크다고 대지가 아니다. 흔히들 용장혈졸(龍壯穴拙)이라고 하여 첫째가 용이다. 혈의 구분은 와겸유돌의 사상으로 구분하는데 음산에서는 와겸으로 양산에서는 유돌로 맺는다.

혈이 맺는 법이 여러 유형이나 대강을 살펴본다. 정맥결, 편맥결, 은맥결(隱脈結), 고산결(高山結), 평양결, 조천결(朝天結) 이상은 장소에 따라 맺은 혈이라 이름 그대로 알면 되는 것이고 중요한 것은 다음과 같다.

기룡혈(騎龍穴) : 산이 나아가고 있는 곳에서 혈 뒤의 좌우각(角)이 우각(牛角)과 같은 모양으로 혈장을 감쌀 때(來八), 멀지 않은 곳에 혈장을 감싸는 듯(去八)한 지각이 있을 때만 쓴다. 기룡혈 10個 中 9個非라 하여 아주 잘 살펴야 한다.

회룡혈(回龍穴) : 용이 행도하다가 되돌아서 맺는 것으로 고조형과 배조형이 있다. 두 형이 비슷하여 구분하기가 쉽지 않으나 모두 몸을 돌려 소조산이나 중조산을 향하는 모양이다.

⠇형국론

    모든 사람들이 흔히 말하는 형국은 혈장을 싸고 있는 여러 사(砂)를 합쳐서 물형으로 보는 것을 말하는데 혈의 역량과 대소와는 상관이 없다. 특히 초학자는 조급하게 생각하면 풍수의 본질을 잃어버리고 지엽적이고 말단인 것에 집착하는 어리석음에 처하게 된다. 따라서 용과 맥에 치중하여 공부하여야 한다.

    혈을 찾는 개안이 되면, 그때부터 형국 공부를 하여도 늦지 않다. 형국 판별의 눈이 밝으면 심혈에 도움이 된다. 용이 귀하고 대지대혈은 형국이 분명하고 소지소혈은 형국을 찾기가 힘들다.

    형국을 붙이는 중요한 것은 용세와 소조산의 오행(五行), 혈성의 지각, 주위의 사(砂)를 보아 판별한다.

    용의 행도가 소탕수성이면, 용이나 뱀을 붙이고 소조산이 탐랑목성이고 주위의 사가 구름 등등이 있으면 봉황이나 귀인, 선인을 붙인다. 금성에는 비금류가 많고 토성에는 짐승류를 붙인다. 물형론은 전체적인 조화 꾸밈세를 보는 것이지 단편적이고 즉흥적이 아니다.

비봉귀소형(飛鳳歸巢形)

비조귀림형(飛鳥歸林形)

비학등공형(飛鶴登空形)

가학조천형(駕鶴朝天形)

청학포란형(靑鶴抱卵形)

비조포란형(飛鳥抱卵形)

형국

비조하림형(飛鳥下林形)

작소형(鵲巢形)

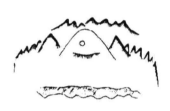

연소형(燕巢形)

유지앵소형(柳枝鶯巢形)

비아탁시형(飛鴉啄屍形)

평사낙안형(平砂落雁形)

형국

119

비봉귀소형(飛鳳歸巢形)

비조귀림형(飛鳥歸林形)

비학등공형(飛鶴登空形)

가학조천형(駕鶴朝天形)

청학포란형(靑鶴抱卵形)

비조포란형(飛鳥抱卵形)

형국

금구몰니형(金龜沒泥形)

영라하수형(蠑螺下水形)

금오하산형(金鰲下山形)

노구예미입수형(老龜曳尾入水形)

금오포란형(金鰲抱卵形)

금구출복형(金龜出伏形)

형국

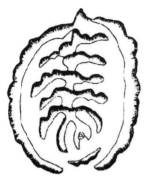

비룡치운형 · 상천형
(飛龍致雲形 · 上天形)

갈룡귀수형(渴龍歸水形)

노룡청수형(老龍聽水形)

이룡농주형(夷龍弄珠形)

비룡망해형(飛龍望海形)

황룡도강형(黃龍渡江形)

형국

장사축와형(長蛇逐蛙形)

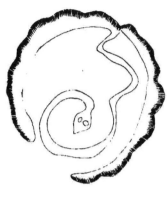

기사태와형(飢蛇苔蛙形)

초사청와형(草蛇聽蛙形＝以舌聽蛙)

맹묘농서형(猛猫弄鼠形)

노서하전형(老鼠下田形)

노묘수면형(老猫睡眠形)

형국

해복형(蟹伏形)

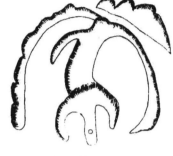

복구형(伏狗形)

유어농파형(游魚弄波形)

비천오공형(飛天蜈蚣形)

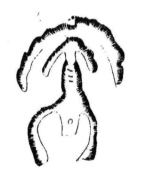

갈오입수형(渴鰲入水形)

봉방형(蜂房形)

형국

구구동식형(九狗同食形)

운중반월형(雲中半月形)

이지명선형(李枝鳴蟬形)

비아접벽형(飛蛾接壁形)

황방폐월형(黃尨吠月形)

오선위기형(五仙圍棋形)

형국

125

옥녀직금형(玉女織錦形)

옥녀봉반형(玉女奉盤形)

금반하엽형(金盤荷葉形)

약마부적형(躍馬赴敵形)

맹호출림형(猛虎出林形)

산상와호형(山上臥虎形)

형국

갈마음수형(渴馬飮水形)

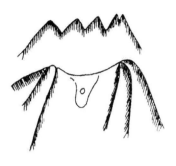

주마탈안형(走馬脫鞍形)

산양피우형(山羊避雨形)

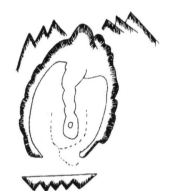

상비음수형(象鼻飮水形)

옥토망월형(玉兎望月形)

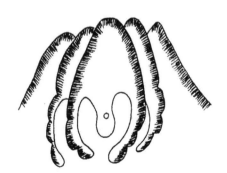

옥녀단장형(玉女丹粧形)

형국

127

격룡

혈을 찾는 원리와 세기(細技)을 알아야 진가를 구분할 수 있다. 용맥의 합도 여부를 살피고 산의 왕성한 기가 어디에 모였는지를 보는 기초이다. 즉, 용맥이 시간과 공간에 맞는지 보는 것이다. 부모산과 소조산이 삼길성, 즉 탐랑, 거문, 무곡성 중 어느 것으로 왔는지, 좌·우선 했는지를 보고 오행은 12운성으로 생왕만 쓰고 정음정양으로 순청한가를 보며 팔괘를 써서 음양상배 했는지를 살피고 나경의 10간 12지는 오행에 배속시켜야 한다.

풍수에서 형기는 체(體)이고 이기는 용(用)이다. 어느 한 가지만 고집하는 것은 작대기풍수나 방안풍수가 될 수 있다.

산의 모양세를 살피는 형기와 지기의 상승과 천광하림을 살피는 이기 모두 떨어질 수 없는 중요한 두 축이다. 천성이기란 나경을 사용하여 용과 맥과 물의 오고 감으로 혈장 주변의 모든 산의 방위를 측정하여 용의 생왕, 수의 왕쇄와 길흉을 살피는 매우 중요한 것이다.

나경을 사용하여 과협분수척상에서 내룡을 측정하고 과협이 없으면 속인처 또는 결인처에서 측정한다. 좌를 결정하는 것은 용입수(外入水)가 기준이고 혈정을 보는 것은 내입수 또는 맥입수라고 한다. 입수란, 혈성 후 초절처, 즉 승금 뒤 초절처나 지각 뒤의 초절처를 말하는 데 입수는 사람에 비유하자면 목에 해당한다.

■ 용과 맥

산의 진행 과정의 모양을 6개(六貌)로 분류하여 기록한바 산표법(山表法)이라고도 하며 상당히 중요하다.

4포맥(四胞脈)

나경 인신사해(寅申巳亥)로 오는 용을 말하는데 만물의 결과궁이다. 산의 가운데를 오면 유(乳)형이고 낮은 곳으로 내려오면 회두포선(回頭鋪扇)하고 강을

건너면 입석(立石)을 남긴다. 12운성의 기포처가 된다. - 生之主

4태맥(四胎脈)

나경의 건곤간손(乾坤艮巽)으로 오는 용인데 천지의 네 기둥이고 모든 산의 시작이라 모양이 주먹과 같고 큰 봉우리가 되면 귀(貴)를 낳고 평지에 있으면 부(富)가 난다. 입수 부분은 약간 불룩하며 만약 움푹 꺼져 있으면, 혈이 맺지 않는다. 산봉우리는 탐랑목(貪狼木)형이고 다른 계절의 건곤간손을 만나야 혈을 맺는다. - 地之主

4순맥(四順脈)

나경의 갑경병임(甲庚丙壬)의 용인데 약간 불룩한 모양이고 그렇지 않으면 흰 돌이 서 있다. 불룩하면 갑(甲)은 짧고 경(庚)은 왕성하고 병(丙)은 약간 뾰족하고 임(壬)은 둥그스름하다. 산봉우리는 금형(金形)이다.

4강맥(四强脈)

나경의 을신정계(乙辛丁癸)로 오는 용이다. 입수에서 불룩하면 가짜고 낮게 누워 있으면 진짜이다. 산봉우리는 수형이고 四金(辰戌丑未)을 만나면 넓어진다.

4정맥(四正脈)

나경의 자오묘유(子午卯酉)로 오는 용으로 동서남북 4정방이고 모양은 벌의 허리처럼 잘록하고 기의 통로이다. - 連之主

4장맥(四藏脈)

나경의 진술축미(辰戌丑未)로 오는 용이다. 4금맥(四金脈)으로도 부른다. 과협은 평지이고 입수는 둥글고 짧아야 하며 넓으면 가짜이다. 산의 모양은 토형산이며 4태맥을 만나 음양이 이어지면 개양(開陽)하여 혈을 맺는다. - 秘之主

이상과 같이 요약하면 4정은 기맥의 통로가 되며 4포는 회두포선(回頭鋪扇)하며, 4태는 큰 봉우리를 만들고, 4순은 더욱 강해지고, 4강은 통혈하며, 4금은 개양(開陽)한다.

■ **통맥법(先後天)**

용의 앞마디와 뒷절이 선후천상견을 이루는데 24산을 납갑하여 보는 법이다.

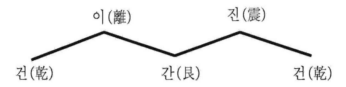

예(例) = 건(乾) → 간(艮) → 진(震) → 이(離) → 건(乾)으로 조금 어렵다.

☰ 건(乾) (甲)	☲ 이(離) (壬寅戌)	☶ 간(艮) (丙)
☲ 이(離) (壬寅戌)	☳ 진(震) (庚亥未)	☰ 건(乾) (甲)
☳ 진(震) (庚亥未)	☶ 간(艮) (丙)	☲ 이(離) (壬寅戌)
☶ 간(艮) (丙)	☰ 건(乾) (甲)	☳ 진(震) (庚亥未)
☵ 감(坎) (癸申辰)	☱ 태(兌) (丁巳丑)	☷ 곤(坤) (乙)
☱ 태(兌) (丁巳丑)	☴ 손(巽) (辛)	☵ 감(坎) (癸申辰)
☴ 손(巽) (辛)	☷ 곤(坤) (乙)	☱ 태(兌) (丁巳丑)

■ 일월소식법(日月消息法)

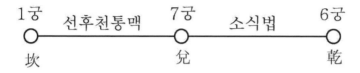

이상과 같이 기가 차오르면 길하고 이지러지면 흉하는 원리이다. 선천 8괘 배위도에서 시계 방향은 차오르고 길이며 반시계 방향은 이지러져 흉하다는 것이다. 즉 건식손(乾息巽), 손식간(巽息艮), 간식곤(艮息坤), 곤식진(坤息震), 진식태(震息兌), 태식건(兌息乾) 여기에 없는 감이(坎離)는 일월(日月)의 출입 문이라 소식이 없다.

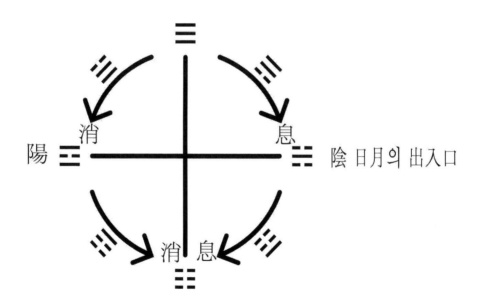

■ 육팔율려통맥법

윗절과 아랫절이 율려법으로 생(生)이나 왕(旺)하면 통맥이 되는데, 지각이 용과 생(生), 왕(旺)각이 되거나 앞뒤의 마디가 쌍산으로 상생(通性)하면 통맥한다.

향삼의 비등궁(飛勝宮)이 생왕궁(生旺宮)이다.

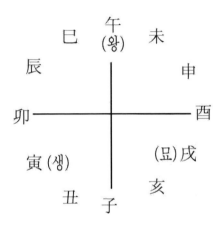

■ 사선음양교구법

일명 작국법이라고 하는 법으로 4태맥(乾坤艮巽)을 기준으로, 나경 24산을 4개 집단으로 묶어 나누고 각 집단은 금, 목, 수, 화의 오행을 갖추었으며 음과 양, 신(神)과 사(砂), 매(妹)와 손(孫), 금(金)이 잘 갖추어져 있다.

이 밖에도, 삼합(三合), 육합(六合), 간합(干合), 기합법(基合法), 통원통정법(通源通情法) 등등이 있으나 상기 선후천통맥법(先后天通脈法), 6, 8 율려법, 사선음양교구법 등을 주로 많이 사용한다.

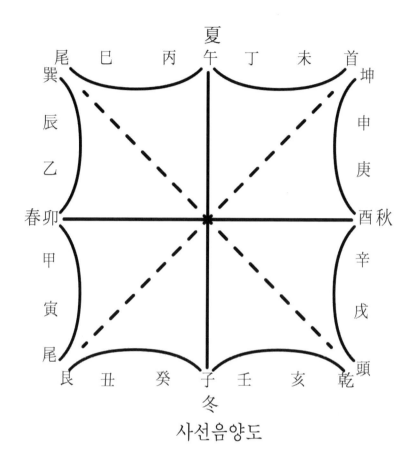

사선음양도

■ 장강정순포태(莊强正順胞胎)

사태(四胎)는 유량지(流兩支), 사정(四正)은 유량간(流兩干)이다.

※ 자유(子酉)는 곤태(坤兌)로 7궁 상견이다. 묘오(卯午)도 진이(震離)로 3궁 상견이다.
  자묘(子卯)나 오유(午酉)는 불통(不通)이다.

이상 그림에서 보듯이 건(乾)과 손(巽)은 곤(坤)과 간(艮)을 만나야 혈을 맺

133

게 된다. 즉 건(乾)이 좌선하여 해(亥)에서 인(寅)을 만나야 교구하여 혈을 맺고 건(乾)이 우선하여 술(戌)에서 미(未)를 만나야 교구한다. 손용(巽龍)이 사로 좌선하면 신(申)과 교구하며 손(巽)이 진(辰)으로 우선하면 축(丑)을 만나야 교구한다. 간용이 인(寅)으로 좌선하면 사(巳)에 교구하고 간용이 축(丑)으로 우선하면 술(戌)에 가서야 결혼한다.

건해(乾亥) 간인(艮寅)은 선후천상견이라 통맥이고 임감(壬坎)과 경태(庚兌)도 같은 이치이다. 갑묘(甲卯)와 병오(丙午) 또한 선후천배합이다.

■ 삼방론
이 법은 타장(他莊 : 남의 돈), 타포(他胞 : 他子孫)와 본매(本妹), 타매(他妹)를 구분하는 법으로 본매국은 본처손이 발복하고 가매작국은 후처손이 발복한다.

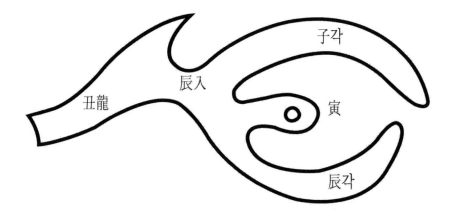

이상 그림은 가매도로 진축(辰丑), 고장상통이고 자(子)가 가매로 후처손이 발복한다.

자오묘유(子午卯酉)는 중남(中男)이 발복하고
인신사해(寅申巳亥)는 장남(長男)이 발복하고

진술축미(辰戌丑未)는 삼남(三男) 이하 서손이 발복한다.

사태(四胎)	사포(四胞)	사고(四庫)
건(乾)	인(寅), 신(申)	축(丑), 미(未)
간(艮)	사(巳), 해(亥)	진(辰), 술(戌)
손(巽)	신(申), 인(寅)	미(未), 축(丑)
곤(坤)	해(亥), 사(巳)	술(戌), 진(辰)

※ 좌우(左右) 선간에 처음 만나는 타태궁(他胎宮)과 포장(胞莊)이 내 것이고 건(乾)이 좌선하면 간을 만나는데 간(艮)괘궁의 축(丑)이, 금인(金寅)이 자손(子孫)이고 자(子)는 정매(正妹)가 된다.

※ 건소조(乾少祖)에 술해(戌亥)로 결국(結局)하면 타장타포(他莊他胞)로서 내 것이 아니고 타인(他人)의 것이 되어 타인(他人)의 돈 관리, 또 양자(養子)에게 봉사하게 된다. 즉, 정매(正妹)가 없으면 정식 결혼이 아닌 노중상봉(路中相逢)에 소생자(所生子), 즉 서손(庶孫)이다.

■ 작혈(作穴)

건해(乾亥)용이 간인(艮寅)을 만나 입수하면 임자(壬子), 을진(乙辰)좌 또는 임자(壬子), 을진(乙辰) 각이 있으면 간인(艮寅)으로 혈을 맺는다.

간인(艮寅)룡이 건해(乾亥)로 입수하면 경유(庚酉) 계축(癸丑)좌
건갑(乾甲)룡이 손사(巽巳)로 입수하면 갑묘(甲卯) 정미(丁未)좌
손사(巽巳)룡이 갑묘(甲卯)로 입수하면 병오(丙午) 신술(申戌)좌
임자(壬子)룡이 경태(庚兌)로 입수하면 건해(乾亥) 정미(丁未)좌
경태(庚兌)룡이 임자(壬子)로 입수하면 간인(艮寅) 병오(丙午)좌

병오(丙午)룡이 갑묘(甲卯)로 입수하면 손사(巽巳) 경태(庚兌)좌

갑묘(甲卯)룡이 병오(丙午)로 입수하면 곤신(坤申) 을진(乙辰)좌

을진(乙辰)룡이 계축(癸丑)으로 입수하면 건해(乾亥) 갑묘(甲卯)좌

계축(癸丑)룡이 을진(乙辰)으로 입수하면 간인(艮寅) 병오(丙午)좌

신술(辛戌)룡이 정미(丁未)로 입수하면 손사(巽巳) 경태(庚兌)좌

정미(丁未)룡이 신술(辛戌)로 입수하면 곤신(坤申) 임자(壬子)좌

이상 사선(四旋)음양법은 통맥법(先後天)에도 맞는 풍수지리학의 핵심이며, 용에서는 음양교구가 되어야 하고 혈장에서는 순청해야 한다. 또한 자좌(子座)는 인(寅), 술(戌), 각(角)의 양(陽)이 있어야 하고 해(亥)좌에는 음(陰)인 유각(酉角), 축각(丑角)이 있어야 혈이 이루어진다. 다시 말해 포맥(孫), 장맥(莊脈)(財), 정맥(正脈) (妹)가 구비되어야 한다. 교구라 함은 전 장의 그림과 같이 음양과 두미가 갖추어지고 좌우에 포와 장이 있는 것을 말한다. 좋은 명당처럼 보여도 교구가 없으면 가화(假花)이고 초라해 보여도 교구가 되었으면 진혈(眞穴)이다.

■ 통맥도

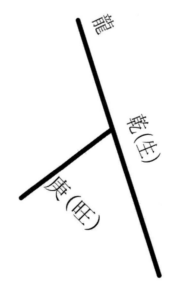

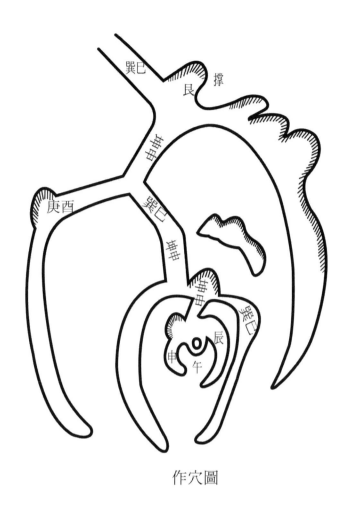

作穴圖

　선후천(先後天) 통맥 3교

가. 대개장(大開帳) 중출(中出) 오(午)가정매

　　건(乾)각은 오(午)의 천덕(天德)

　　오(午)좌는 병오(丙午)(甲각), 경오(庚午)(辰각)

※ 두미(頭尾)만 통맥(通脈)

※ 자포(自胞), 자고(自庫), 정매(正妹)가 있으면 상수, 인목이 없어도 혈이다.

좋은 혈이란 포, 태, 순, 강, 정, 장의 6개의 맥기가 집합하고 금, 목, 수, 화, 토의 오행 정기와 음양이 배합하여 뭉친 곳이 혈처이다.

임자국(水)

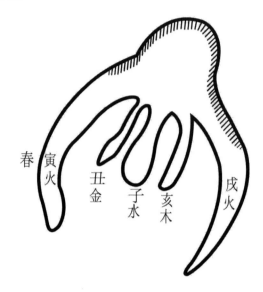

통맥(通脈), (生産)
교(交), (陰陽)
구(媾) (自胞, 自庫, 正妹)

─선후천(先后天)
율려(律呂)
소식(消息)
사선(四旋)

상기 그림의 자좌의 오른쪽에 간인각(艮寅角) 왼쪽에 신술각(辛戌角)이면 좌수의 화각이고 또, 좌와 각은 서로 율려법으로 생왕이고 오른쪽 인목(선익사, 우각사)이다. 계(癸)는 금(金)이고 왼쪽 인목 해(亥)는 목(木)이라 금(金), 목

(木), 화(火), 수(水)의 기가 뭉쳐 있고 토(土)기는 좌 자체가 안고 있다.

또한 좌(子)는 천(天)이고 왼쪽 각(辛戌)은 지(地)이고 오른쪽은 간인(艮寅)이 인(人)이 되어 천지인(天地人), 삼재(三才)가 갖추어지니 乾亥(陽), 艮寅(陰)이 부부이고 계(癸), 축(丑), 신(辛), 술(戌)이 (金 = 돈)이 되어 자손이 먹고 교육할 자산이 된다.

천덕(天德)			월덕(月德)
자(子):손(巽),(長)	인(寅):정(丁)	진(辰):임(壬)	신자진(申子辰):壬
오(午):건(乾),(戌)	신(申):계(癸)	술(戌):병(丙)	사유축(巳酉丑):庚
묘(卯):곤(坤),(未)	사(巳):신(辛)	축(丑):경(庚)	해묘미(亥卯未):甲
유(酉):간(艮),(丑)	해(亥):을(乙)	미(未):신(申)	인오술(寅午戌):丙

※ 녹(祿)은 나경(羅經)의 일자선도(一字先到) (예 : 乾綠在戌)

■ 혈 찾는 법

혈이란 산천의 정기가 모여서 음양과 통맥, 교구하여 오행의 기와 포, 정, 장(胞, 正, 莊) 삼재(三才)가 갖추어져야 한다.

와(窩)형

와혈은 우각사가 있어 통상 진술축미(辰戌丑未) 사장맥(四藏脉)으로 맺는다. 반드시 현릉(弦陵)이 있어야 하는데, 예를 들자면 손(巽)좌에는 진(辰, 藏), 사(巳, 胞)의 훈이 혈을 감싸주는 것을 말한다. 능(陵)이란 혈장 앞에 횡으로 두툼한 대를 말한다. 와유혈릉(窩有弦陵). 음양 구분은 양(陽)이다.

겸(鉗)형, (無印木)

겸형은 통상 을(乙), 신(辛), 정(丁), 계(癸) 즉 4강맥으로 혈을 맺는다. 4정맥 자(子), 오(午), 묘(卯), 유(酉)가 앞에 있어야 한다. 겸유낙조(鉗有落棗). 음양 구분은 양(陽)이다.

유(乳)형

유혈은 보통 인(寅), 신(申), 사(巳), 해(亥) 즉 4포맥(胞脈)으로 맺는다. 선익이 있어야 하는데 예를 보면 인(寅) 왼쪽에는 축(丑, 藏)과 묘(卯, 正)가 있어야 하는 법이다. 유유선익(乳有蟬翼). 음양 구분은 음(陰)이다.

돌(突)형

돌형은 4순맥, 즉 갑(甲), 경(庚), 병(丙), 임(壬)으로 혈이 맺는다. 인(寅), 신(申), 사(巳), 해(亥) 4포맥(四胞脈)이 앞으로 뻗어 있어야 한다. 예를 들면, 임(壬) 앞에는 해(亥)로 뻗은 탱조가 있어야 진(眞)이다. 돌유현침(突有懸針). 음양 구분은 음(陰)이다.

※ 와겸(窩鉗)은 양혈(陽穴)이라 음용호(陰龍虎)로 감싸인다.
※ 유혈(乳穴)은 음혈(陰穴)이라 양용호(陽龍虎)로 크고 높게 감싸인다.

인체에 비유하자면 남자의 몸은 양이지만 유독 성기만은 길게 솟아나와 음이 되어 양중유음(陽中有陰)이고 -平臥中突起

여자의 몸은 음이지만 유독 옥문(玉門)만은 평평하여 양이 되니 음중유양(陰中有陽)이다. - 突起中凹陷

음(陰)은 여복장(如覆掌)(주먹)이고, 돌(突)은 검척(劍脊)같고 유(乳)는 복미(伏尾)같다.

양(陽)은 사앙장(似仰掌)(손바닥)이며, 겸(鉗)은 평평하고 와(窩)는 오목하다.

※ 혈이 맺는 원리는 교배(交配)와 산아(産兒)인데 모두가 음암(陰暗)의 소산
(所産)이다.

양(陽)

와(窩): 정(正), 구(求), 가(架), 절(折)
　　　 사금맥(四金脉, 金), 결(結, 抱暈), 현릉(弦陵)

겸(鉗): 참(斬), 절(截), 조(吊), 추(墜)
　　　 사순맥(四順脉, 土), 結(正帶), 낙조(落棗)

음(陰)

유(乳): 개(蓋), 점(粘), 의(依), 당(撞)
　　　 사포맥(四胞脉, 水), 결(結, 正藏暈), 선익(蟬翼)

돌(突): 애(挨), 병(倂), 사(斜), 삽(揷)
　　　 사순맥(四順脉, 月, 火) 결(結, 前伸), 현침(懸針)

상기의 장법(藏法)은 와, 겸, 유, 돌에 4를 곱해 16장법인데 약 500년 전의
박상희 선사가 창안했다고 한다.

■ 근취제신(近取諸身) 정혈(定穴)

1. 산정(山頂)이 있어 수두(垂頭)하고
2. 쌍비(双臂)가 있어서
3. 사람이 팔을 벌린 모양의 산

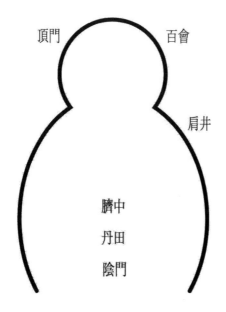

近取諸身定穴

■ 지장정혈법(指掌定穴法)

무지일절처(拇指一節處) : 대부혈(大富穴)

인지일절처(印指一節處) : 홍기혈(紅旗穴)

인지이절처(印指二節處) : 곡지혈(曲池穴)

합곡처(合谷處) : 구혈(毬穴)

※ 입수(入首)가 좋으면 청룡(靑龍)이 좋고 백호(白虎)가 좋으면 전순이 좋다.

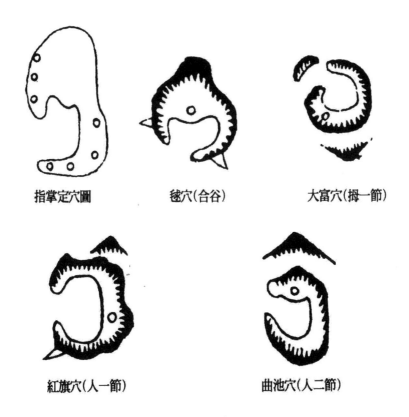

指掌定穴圖   毬穴(合谷)   大富穴(拇一節)

紅旗穴(人一節)   曲池穴(人二節)

지장정혈도

■ 괴혈(怪穴)

1. 바람이 맞는 곳 – 孤露穴

2. 진흙밭에 있는 곳 – 沒泥穴

3. 산꼭대기에 있는 곳 – 天巧穴, 高而不知高

4. 바람이나 물이 옆구리를 충(沖)하는 곳 – 射脇穴

5. 사방이 물인 곳 – 水低穴

6. 돌밭 – 石中穴

7. 산 능선 위에 있는 곳 – 騎龍穴

※ 괴혈(怪穴)이란

　　혈상(穴相)이 갖출 것은 모두 있으나 명안(明眼)이 아니면 보이지 아니하는 곳이다.
　　즉, 공식대로 되어 있는 것이지 예외의 것이 아니다.

※ 풍수는 기(氣), 질(質), 색(色), 향(香)이다.

　이 밖에도 작혈의 이론은 많지만 이치는 오직 음양의 통맥과 교구이며 오행
의 기가 뭉쳐 흩어지지 않게 근접 경호원인 인목(印木)과 지각이 있어야 한다.

■ 음양배합

　모든 사물이 동하면 양이 되고 움직이지 않으면 음이 되는데 와형에서 맥을
찾는 것은 양에서 음을 찾는 것이다. 또, 겸혈(鉗穴)에서 훈이나 각을 찾는 것
또한 양중취음이다. 음혈인 유(乳)형에서 평평한 곳은 음중취양이고 돌(突)형
에서 오목한 곳을 찾는 것 또한 음중배양의 원리이다. 와(窩)와 겸(鉗), 즉 양
혈(陽穴)에는 원기(元氣)가 얕게 모이고 음혈인 유(乳), 돌(突)형에는 기가 깊
게 모이는 법이라 신중히 살펴야 한다. 예를 들면, 산중 평맥에 좌우 용호가
높으면 보토하여 묘를 쓰고 평지에서는 혈이 확실한데 물이 보이면 숯을 묻고
하관하면 맥불이관(脉不離棺)이라 상관없다.

입(立), 향(向)

풍수사가 해야 할 일 중 중요한 것이 좌(座)를 정하는 것이다. 입향은 용과 향이 음과 양, 주인과 손님 관계처럼 서로 짝을 이루는 것인데 용향일가(龍向一家), 좌득일가(座得一家)로도 불리운다.

혈(穴)은 지기(地氣)로서 단단하고 꽉 차 있는 듯 혈매우실(穴埋于実)하고 향(向)은 천기(天氣)로서 아름답게 혈을 향해 조향우허(朝向于虛)한다. 자연으로 이루어진 지기(地氣), 즉 용맥의 기가 혈장으로 이어졌으면 지기수렴(地氣收斂)와 파수아용(破水我用), 추길피흉(趨吉避凶)해야 하며 특히 용과 향은 정음정양으로 순청해야 한다. 이상과 같이 음과 양이 화합하고 협력하여야 좋은 길지(吉地)가 된다.

■ 괘기입향법

최상의 입향법으로 선천과 후천의 괘로 향을 정하는데 음양이 서로 만나고 간괘가 상납하는 것으로 오행의 생극은 작용하지 못한다. 기맥의 입수와 혈정을 살펴 향을 정하고 용과 수와 사가 배합에 합당하면 된다. 간지는 납간한다.

선천대대(先天對待)

용과 향이 서로 마주 보고 있는 것으로 최상의 입향법이다. 후손이 벼슬이 난다.

145

건갑(乾甲), 곤을(坤乙)이 서로 용과 향이 되어 마주 보고 있다. (天地定立)

간병(艮丙)과 태정사축(兌丁巳丑)이 서로 용과 향이 되어 산택통기(山澤通氣)한다.

손신(巽辛)과 진경해미(震庚亥未)가 서로 용과 향이 되면 뇌풍상박(雷風相博)이다.

감계신진(坎癸申辰)과 이임인술(離壬寅戌)이 서로 용과 향이 되면 수화불상사(水火不相射)이다.

■ 후천합십(後天合十)

후천대대(後天對待)로 후천팔괘 그림에서 서로 마주보고 있고 자손이 번성하는 법이다.

감계신진(坎癸申辰)과 이임인술(離壬寅戌)이 서로 용과 향이 되면 1+9 = 10

곤을(坤乙)과 간병(艮丙)이 서로 용과 향이 되면 2+8 = 10

진경해미(震庚亥未)와 태정사축(兌丁巳丑)이 서로 용과 향이면 3+7 = 10

손신(巽辛)과 건갑(乾甲)이 서로 용향이면 4+6 = 10

■ 선후천상견

선천도와 후천도를 그대로 합친 것으로 서로 용과 향이 되면 부와 귀, 자손이 번성하는 입향법이다.

건(乾) : 간(艮), 이(離), 강(剛), 수(首). (干支는 納干)

감(坎) : 태(兌), 곤(坤)

간(艮) : 건(乾), 진(震)

진(震) : 간(艮), 이(離)

손(巽) : 곤(坤), 태(兌)

이(離) : 진(震), 건(乾)

곤(坤) : 감(坎), 손(巽)

태(兌) : 손(巽), 감(坎)

※ 삼산일괘(三山一卦)를 쓴다.

　입향(入向), 발사(撥砂), 소납(消納)에 통용된다.

※ 양택(陽宅)과 평양지(平洋地)에 쓴다.

하락이화도수(河落理化度數)

❹ 兌(巽)	❾ 乾(離)	❷ 巽(坤)
❸ 離(震)	❺	❼ 坎(兌)
❽ 震(艮)	❶ 坤(坎)	❻ 艮(乾)

　검정색은 선천이고 회색은 후천인데, 이 둘이 만나 상견(相見)이 된다. 글자 앞의 숫자는 구궁수(九宮數)를 뜻한다. 선후천통맥법(先後天通脉法)에서는 전절(前節)과 후절(後節)의 괘납(卦納)이 선천배괘(先天配卦)와 후천배괘(後天配卦)가 낙서(落書)로 합일궁(合一宮)을 이룬 것이다.

■ 정음정양

　용은 음이나 양으로 순청함을 좋아한다. 입수(초절처), 소조, 태조의 삼절처가 순청하면 좋은데 용의 행도가 은현막측, 천변만화하여 음양박잡이 많이 있다. 순청한 입수맥이 결정되면 혈장에서 전면의 조산과 안산 후면의 후고산과 혈장에 떨어진 물이 어디로 나가는지 장구를 찾아야 한다.

　여기에서 정양은 건갑(乾甲), 곤을(坤乙), 감계신진(坎癸申辰), 이임인술(離壬

寅戌), 정음은 간병(艮丙), 손신(巽辛), 진경해미(震庚亥未), 태정사축(兌丁巳丑)
이다.

즉, 초효와 삼효가 같으면 양, 다른 경우는 음이다.

괘를 그리면

☰, ☷, ☳, ☴ 은 양이고 ☵, ☲, ☶, ☱ 은 음이다.

진음진양의 경우

곤(坤, ☷), 감(坎, ☵), 태(兌, ☱), 손(巽, ☴)은 진음이고 건(乾, ☰), 이
(離, ☲), 진(震, ☳), 간(艮, ☶)은 진양이다. 도선국사께서 이 법을 사용했다
고 한다. 꼭 알아두고 암기해야 할 것이다.

■ **율려법, 격팔상생법(隔八相生法)**

혈장에서 좌를 정하는 법이 여러 가지이나 이 법은 양쪽 지각을 재서 향과
삼합이 되는 것으로 한쪽 지각이 인(寅)이고 다른 쪽이 술(戌)각이면 자(子)좌
로 정하는 법이다. 자(子)좌의 생궁이 사(巳)이다.

그래서 사생자(巳生子)이고 또 역으로 사(巳)에서 12운성 포태양생을 짚어가
면 인(寅)이 생(生)이 되고 술(戌)이 왕이 되어 자좌(子坐)로 정해야 향오가 인
오술 삼합이 되고 자(子)는 오행에서 수(水)이고 향오(向午)는 화(火)이어서 주
역 64괘 중 수화기제괘(☵,☲)가 되어 생왕이 된다.

율려 생왕각의 예

자생미(子生未), 축생신(丑生申), 인생유(寅生酉), 묘생술(卯生戌), 진생해(辰生亥), 사생자(巳生子), 오생축(午生丑), 미생인(未生寅), 신생묘(申生卯), 유생진(酉生辰), 술생사(戌生巳), 해생오(亥生午) 이상 율려법은 격팔상생이라고도 하며 해당 좌의 대충궁, 즉 향에서 퇴 1궁 한 것이 좌의 생궁이다.

육팔이란 말은 자(子)에서 시계방향으로 8번째 미(未)를 생해주고 반시계 방향에서 6번째 미(未)가 되어 생겨난 말이다.

좌와 득, 파가 상생하면 된다. 득생좌, 좌생파나 좌생득, 파생좌와 좌생득 득생파와 좌생파 좌생득 등이다.

※ 간이법 : 대충궁에서 퇴일궁(退一宮)하면 생좌궁(生座宮)이 되고 진일궁(進一宮)하면
　　　　　 좌가 생한다.

■ 천성(天星)의 귀천(貴賤) 구별

艮 (천구성) : 극귀, 수, 부, 소년 등과

丙 (천귀성) : 부귀영화, 장수

兌 (천개성) : 문무겸전, 부귀

丁 (남극성) : 부, 문장, 청고, 장수

巽 (태을성) : 부귀영화, 총명, 문장, 과갑

辛 (천을성) : 문장, 부귀영화

震 (천리성) : 위무, 부귀, 충용

亥 (천황성) : 거부, 극귀, 국사, 인품 준수

이상은 정음(淨陰)이고 진경해(震庚亥)는 삼길성(三吉星)이고 육수(六秀)는 간병(艮丙) 태정(兌丁) 손신(巽辛)이다. 모두 길(吉)격이다.

子 (양광성) : 무략(武略), 부, 귀

午 (양권성) : 형제 등 이발이패(易發易敗)

자(子), 오(午)는 정양(淨陽)인데 일반적으로 좋지 않다. 앞으로 연구해 볼 일이다. 진(辰), 술(戌), 축(丑), 미(未)는 사금(四金)이고 십이운성의 묘위(墓位)라 흉격이다.

납갑(納甲)

상납되는 간지(干支)끼리 하나는 용이 되고 다른 하나는 향이 되는 경우이다.

건룡(乾龍)이 갑(甲)향 되는 경우

곤룡(坤龍)이 을(乙)향 되는 경우

감룡(坎龍)이 계신진(癸申辰)향 되는 경우

이룡(離龍)이 임인술(壬寅戌)향 되는 경우

손룡(巽龍)이 신(辛)향 되는 경우

진룡(震龍)이 경해미(庚亥未)향 되는 경우

간룡(艮龍)이 병(丙)향 되는 경우

태룡(兌龍)이 정사축(丁巳丑)향 되는 경우

■ 이기오행법(利氣五行法)

입수용과 사와 수가 상기 괘기입향법에 맞지 않으면 어쩔 수 없이 출수구만을 찾아서 입향하는 방법이다.

기본이론(基本理論)

1. 괘기입향(卦氣立向)을 할 수 없을 때 차선(次善)의 방법(方法)이다.
2. 정국은 물이 국의 묘(墓), 포(胞), 태(胎), 패쇠(敗衰)로 나간다.
3. 정오행(正五行)을 쓴다.
4. 입수가 양간기(陽干氣)이면 수(水)는 음간기(陰干氣)로 산수가 서로 꼬이도록 사대국(四大局) 음간기와 양간기가 배합(配合)한다.

		생(生)	왕(旺)	묘(墓)	
목(木)	계(癸)	묘(卯)	해(亥)	미(未)	동금합 (同衾合)
국(局)	갑(甲)	해(亥)	묘(卯)	미(未)	
금(金)	정(丁)	유(酉)	사(巳)	축(丑)	
국(局)	경(庚)	사(巳)	유(酉)	축(丑)	
수(水)	신(辛)	자(子)	신(申)	진(辰)	양지생 (陽之生) 음지왕 (陰之旺)
국(局)	임(壬)	신(申)	자(子)	진(辰)	
화(火)	을(乙)	오(午)	인(寅)	술(戌)	
국(局)	병(丙)	인(寅)	오(午)	술(戌)	

정국법

혈장 앞으로 횡으로 지나가는 물이 과당하여 끝이 보이는 곳을 천반 봉침으로 잰다.

신술(辛戌) : 건해(乾亥), 임자(壬子) 중 어느 한 가지면 화국(火局)

계축(癸丑) : 간인(艮寅), 갑묘(甲卯) 중 어느 한 가지면 금국(金局)

을진(乙辰) : 손사(巽巳), 병오(丙午) 중 어느 한 가지면 수국(水局)

정미(丁未) : 곤신(坤申), 경유(庚酉) 중 어느 한 가지면 목국(木局)

정오행법(正五行法)

해임자계(亥壬子癸)는 수국(水局)이다.

인갑묘을(寅甲卯乙)은 목국(木局)이다.

사병오정(巳丙午丁)은 화국(火局)이다.

신경유신(申庚酉辛)은 금국(金局)이다.

※ 불론좌우선(不論左右旋)

정오행으로 용과 좌, 또는 득이 국의 생, 왕, 관, 쇄, 양에 해당하면 합법인데 좌와 득을 중요시한다. 또한, 양포태만을 쓴다.

향득일가법

산과 물이 서로 얽혀야, 즉 반대 방향으로 돌아야만 혈이 되는 이치이다. 동묘합법(同墓合法)이라고도 한다.

화국(火局) : 을병교이추술(乙丙交而趨戌)

수국(水局) : 신임회이취진(辛壬灰而聚辰)

금국(金局) : 두우납정경지기(斗牛納丁庚之氣) 우(牛)

         : 축(丑) 28수(宿)의 이름

목국(木局) : 금양수계갑지령(金羊收癸甲之靈) 양(羊) : 미(未)의 칠정오행

향상법(일명 88향법, 向得一家)

이 법은 좌 대신 향을 주산으로 하여 향과 득과를 12운성으로 보는 것으로

앞에서 열거한 모든 입향법, 즉 괘기입향법도 쓸 수 없고 정오행법도 불가능하며 육팔율려법도 쓸 수 없을 때 불가피하게 쓰는 것으로 향(向)만 생(生), 왕(旺), 궁(宮)으로 맞추는 최하등의 방법이다.

혈이 아닌 곳에서 살을 피하는 입향법으로 양포태만 쓴다. 음과 양, 좌우선을 구별하지 않는다. 우리나라 학파 중 가장 많이 쓰는 법이기도 하다.

88향법은 수화목금 매국마다. 22자리의 입향으로 4국이면 88향이 되는 법이다. 국을 정하는 법은 수구를 기준으로 하는데 축(丑), 인(寅), 묘(卯)로 빠지는 물은 금국(金局), 진(辰), 사(巳), 오(午)로 나가는 물은 수국(水局), 미(未), 신(申), 유(酉)로 나가는 물은 목국(木局), 술해자(戌亥子)로 나가는 물은 화국(火局)이 되는데, 금(金), 수(水), 목(木), 화(火)국의 묘(墓), 포(胞), 태(胎)으로만 물이 나가는 것이고 생, 왕, 묘, 양, 태, 쇠향은 정국입향이고 자생, 자왕향은 변국임향이다.

화국의 예를 들자면,
장생향(長生向) 간인(艮寅)은 병오(丙午), 왕수(旺水)가 시계 방향으로 돌아 신(辛)으로 나간다(墓宮).
왕향(旺向) 병오(丙午)는 간인(艮寅)생수가 시계 방향으로 돌아 신(辛, 墓)로 나간다.
묘향(墓向) 신술(辛戌)은 병오왕수(丙午旺水)가 시계 방향으로 돌아 건(乾)으로 나가고 간인(艮寅), 생수(生水)가 시계 반대 방향으로 돌아 건(乾)으로 나간다(絶出).
양향(養向)인 계축(癸丑)은 병오왕수(丙午旺水)가 시계 반대방향으로 돌아 건(乾)으로 나간다.
태향(胎向) 임자(壬子)는 손사관수(巽巳冠水)가 임(壬)으로 나간다.

쇠향(衰向) 정미(丁未)는 손사관수(巽巳冠水)가 시계 방향으로 돌아 임(壬)으로 나간다.

자생향(自生向) 건해(乾亥)는 갑묘왕수(甲卯旺水)가 시계 반대 방향으로 돌아 신(辛)으로 나간다.

자왕향(自旺向) 갑묘(甲卯)는 을쇠수(乙衰水)가 시계 반대 방향으로 돌아 임(壬)으로 나간다.

※ 화국(火局)에서 을(乙)향은 쓰지 않는다. 신(辛)좌는 물이 불귀고(不歸庫)하기 때문이다.

이상의 정국과 변국은 물만 보는 법이고 주체인 용혈은 살펴보지 않아 주객이 바뀐 법이라 거의 쓰지 않는 법이다.

입향법

의각(依角) : 각(角)은 좌(座)와 생왕이 되고 6, 8율려로 쌍산(双山)으로 상극이 된다. 각은 향과 쌍산으로 삼합(三合)이 된다.

의탱(依撐) : 뒤가 잘 막혀야 한다.

의수(依水) : 좌득일가(座得一家), 팔괘정호(八掛定虎), 납갑일기(納甲一氣), 삼합삼방(三合三方), 간지치인(干支齒人), 천(天), 월(月), 덕(德)

이상의 입향법 외에 선후천일월상견법, 구성변효법, 천월덕법, 순제목미법 등이 있으나 많이 쓰지 않아 생략한다.

팔간기(八干氣)의 12운성(運星, 포태법)

陰陽	五行		胞	胎	養	生	浴	帶	冠	旺	衰	病	死	墓
陰陽	木	甲	申	酉	戌	亥	子	丑	寅	卯	辰	巳	午	未
		乙	酉	申	未	午	巳	辰	卯	寅	丑	子	亥	戌
	火	丙	亥	子	丑	寅	卯	辰	巳	午	未	申	酉	戌
		丁	子	亥	戌	酉	申	未	午	巳	辰	卯	寅	丑
	金	庚	寅	卯	辰	巳	午	未	申	酉	戌	亥	子	丑
		辛	卯	寅	丑	子	亥	戌	酉	申	未	午	巳	辰
戊己	水	壬	巳	午	未	申	酉	戌	亥	子	丑	寅	卯	辰
		癸	午	巳	辰	卯	寅	丑	子	亥	戌	酉	申	未

※ 기포처(起胞處)는 양은 인(寅), 신(申), 사(巳), 해(亥)이고 음은 자(子), 오(午), 묘(卯), 유(酉)이다.

※ 삼합자(三合者)는 생(生), 왕(旺), 묘(墓)이다(수, 요, 미). 포(胞)는 절(絶)이라고도 하고 묘(墓)를 장(葬) 또는 고(庫)라고도 한다.

※ 토는 수와 같다.

천성이기는 형이상이고, 부동(體)이다. 사물(用)이 발현하고 쓰인다.
형기는 형이하학이고, 사물(體)이다. 유행(用)이 발현하고 쓰인다.

장서의 저자 곽박은 형기와 이기가 중화 이후에 성격하니 도기불상리하여 형세나 방위를 논하지 말고 기불자성(氣不自成), 의맥이립(依脈而立)하니 맥유적(脈有跡)이 기무형(氣無形)이라. 형이나 세는 땅에서 만들어졌지만, 기는 하늘에서 만들어졌다. 특파는 좌와 삼합이고 각은 향과 삼합이다.

하나의 혈에는 삼재가 구족한다. 천(天)은 매: 성혼하고 인(人)은 손: 자식 낳고 지(地)는 금: 돈 모으고 이 세 가지를 갖추어야 일가자립의 법칙이다.

용맥의 분류

	육모(六貌)		임무	성정
지주(地柱)	사태맥 (四胎脈)	건곤간손 (乾坤艮巽)	지지주 (地之主)	고이수 (高以秀)
	사포맥 (四胞脈)	인신사해 (寅申巳亥)	생지주 (生之主)	회두 (回頭)
	사장맥 (四藏脈)	진술축미 (辰戌丑未)	비지주 (秘之主)	평활 (平活)
천문(天門)	사정맥 (四正脈)	자오묘유 (子午卯酉)	연지주 (連之主)	요세 (腰細)
	사순맥 (四順脈)	갑경병임 (甲庚丙壬)	사신사 (四神砂)	고이강 (高而强)
	사강맥 (四强脈)	을신정계 (乙辛丁癸)	사신사 (四神砂)	요이열 (凹而裂)

계 (癸)	자 (子)	임 (壬)	해 (亥)	건 (乾)	술 (戌)	인 (寅)	간 (艮)	축 (丑)
천문(天門)			지주(地柱)					
사 (使)	연 (連)	사 (使)	생 (生)		비 (秘)	생 (生)		비 (秘)

건(乾, 冬) 간(艮, 春) 손(巽, 夏) 곤(坤, 秋)

팔자성격[5] 예: 건해(乾亥), 임자(壬子), 계축(癸丑), 간인(艮寅)

육모의 특징

자오묘유(子午卯酉) : 사정(四正), 용은 가늘게 묶고 주산은 수(秀).

---

[5] 8개가 모여야 혈을 만들 수 있다.

후손은 정직하다.

인신사해(寅申巳亥) : 사포(四胞), 용은 수려하다.

혈은 회두(回頭). 인정(人丁)이 많다.

진술축미(辰戌丑未) : 사장(四藏), 용은 광후하다. 발복은 재물을 많이 번다.

건곤간손(乾坤艮巽) : 사태(四胎), 용은 봉우리를 만드는 형태이다.

모든 용의 수(首).

갑경병임(甲庚丙壬) : 사순(四順), 용은 낮은 봉우리의 형태이다.

을신정계(乙辛丁癸) : 사강(四强), 용은 넓고 두텁다.

사정(四正)과 같이 오면 군왕용이라 한다.

공망룡(空亡龍)

공망룡이란 맥이 들어오지 않는 산 줄기를 말한다. 이곳에는 맥이 없으니 묘를 쓸 수 없다. 그 종류는 다음과 같다.

1. 무기공(戊己空) (脈上에 戊己蓋頭)
2. 좌우선공망(左右旋空亡) (왼쪽으로 돌면 甲乙蓋頭가 空하고, 오른쪽으로
   돌면 壬癸가 空하다)
3. 절원무주공(絕源無主空)
4. 요살무주공(耀煞無主空)

※ 3,4는 불통원(不通源) 불통성(不通性)

위와 같은 종류가 있으나 혈에는 자포, 자장이 있어 모든 공망에서 벗어난다. 즉, 혈에는 공망이 없다는 것이다.

■ 장법

이 장법은 매우 복잡하고 난해하여 꼭 필요한 부분만 기술하고 더 필요한 부분은 다음으로 넘긴다. 장법은 태극, 팔괘, 기문을 기초로 하여 28수와 오행으로 지기에 천기를 융합시키는 어려운 최종 관문이다.

이 법에 익숙해지면 "탈신공(脫神功) 개천명(改天命)"하여 길지는 더욱 더 발복하게 하고 길지가 아니라도 무난하게 넘길 수 있다.

통관법

오성방위의 특징이 동쪽은 탐랑목성이 왕기이고 북쪽에 있으면 득기이고 서쪽에 있으면 박기이고 남쪽에 있으면 설기가 된다. 용진혈적(龍眞穴的)인데 주위의 아름다운 봉우리가 제자리에 있지 못하면 서로 돕는 봉우리가 있으면 쓸수 있다. 예를 들면, 금성(金星)은 서쪽이 제자리이지만, 화생금하여 남쪽에 있어도 득위득지(得位得地)라고 본다.

내외양향법

내광은 용의 기를 수렴하고 천성법으로 사의 기운도 이롭게 받아들이고 봉분은 물의 기운과 맞추는 법이다. 이 밖에 분금으로 제살하는 법이나 갈형공제법 등이 있으나 명리학(明理學)의 논리를 원용하여 복잡하므로 생략한다.

천산과 투지

풍수학의 기본이 나경이다. 나경을 알지 못하면 풍수를 이해하지 못하게 된다. 나경의 기본 구조는 자연에서 찾아와 동서남북의 방위와 24절기(12절 12기)를 24산에 배치하여 1년을 360일/24절기 = 15일, 1산(1절기) 15일/3 = 5일, 1년 360일/5 = 72후이다. 그러므로 매 15도/3 = 5도이다.

	태양(太陽)	소음(少陰)	소양(少陽)	태음(太陰)
위(位)	1	2	3	4
수(數)	9	8	7	6

병(丙), 경(庚), 신(辛), 정(丁)

※ 화(火), 금(金) 일순(一旬)만 쓴다. 즉 2, 8, 3, 7만 쓴다는 것이다.

따라서 천산은 내룡의 생왕을 보고 투지는 관혈기선을 투시한다. 천산은 입수처에서 재고 투지는 혈성소관이라 용미에서 잰다.

녹, 마, 귀인

녹, 마, 귀인이란 명당의 앞에 튀어나온 땅을 말한다. 녹, 마, 귀인이 있어야 명당이라고 할 수 있다. 마, 귀인의 경우 찾기 어렵다. 아래 표는 각 방향별 찾을 수 있는 간지를 나타낸 것이다.

祿	甲祿在寅	馬	申子辰 : 寅
祿	乙祿在卯	馬	巳酉丑 : 亥
祿	丙祿在巳	馬	亥卯未 : 巳
祿	丁祿在午	馬	寅午戌 : 申
祿	戊祿在巳		
祿	巳祿在午	貴人	甲戊庚 : 丑未
祿	庚祿在申	貴人	乙巳 : 子申
祿	辛祿在酉	貴人	丙丁 : 亥酉
祿	壬祿在亥		
祿	癸祿在子		

■ 광전절수(壙前折水)

용이 진짜이고 혈이 생긴 곳(龍眞穴的)에 물을 법도에 맞게 하여 좋은 것은 더욱 좋게 하고 흉한 것은 피하게 하는 법(추길피흉)이다. 혈장에 떨어진 물이 화복이 가장 빠르고 깊은 관계가 있으므로 곧장 나가면 굴곡이 되도록 고치고 흉방으로 흐르지 않고 길방으로 나가도록 고쳐야 한다.

방법은 정음정양으로 순청해야 함으로 건갑(乾甲), 곤을(坤乙), 임계(壬癸)나 간병손신(艮丙巽辛), 정경방위(丁庚方位)로 하는 것이 좋다. 또 수수법(收水法)으로 길방을 괘기(卦氣)나 이기(理氣)에 맞도록 하며 명당에 떨어진 물이 밖에 보이지 않게 흐르는 물과 꼬이도록(요역) 하는 것이다. 모든 명당에는 보이지 않게 장구가 있다.

모든 좌에는 적법한 절수법이 있는데, 좌대 파(장구)를 지반정침으로
1) 정음정양과 마주봄(対對) - 八卦
2) 합득동괘(合得同卦)는 불가이다.
3) 지삼합(支三合)은 절대 불가이다.
4) 하반침(下盤針)은 묘(墓) 중심으로 한다.
5) 가급적이면 지반이나 천반에 동자(同字)로 한다.

참고로, 득(得)은 시생(始生, 見) 수처(水處) : 득기처(得氣處)이고,
파(破)는 불견수처(不見水處) : 파정처(破精處)이다.

보성법

보성법은 좌와 향을 괘를 이용하여 용향이 순청하도록 맞추는 방법이다. 변효법이라고도 한다. 나경의 인반중침을 사용한다.

길흉(吉凶)	운지(運指)	구성(九星)	변효(變爻)
吉	향상(向上)	보(輔)	☶
吉	중(中)	무(武)	☵
凶	하(下)	파(破)	☲
凶	중(中)	염(廉)	☳
吉	상(上)	탐(貪)	☶
吉	중(中)	거(巨)	☷
凶	하(下)	녹(㷨)	☶
凶	중(中)	문(文)	☷

※ 4개는 길하고 5개는 흉하다(사길오흉). 처음에 물이 들어오는 곳이 보, 무, 탐, 거여
야 좋고 나머지는 나쁘다(길득흉파). 뒤에 있는 산은 용이고 묘의 방향이 순청해야 좋
다(용향일가).

비보기법(裨補技法)

비보기법은 부족한 것을 채워 넣는 기법이다. 예를 들어, 막혀야 할 부분이
터져 있을 경우 나무를 심어서 가려주어 보호해주는 방법이라고 할 수 있다.

① 허결(虛缺) : 동폐(洞蔽, 나무숲), 조산(造山), 조탑(造塔), 조소(造沼) 등
② 태강(太强) : 압승(壓勝), 성인상(聖人像), 조수상(鳥獸像) 등
③ 배역(背逆) : 당간(幢竿), 주(柱) 등 (장승, 절의 돌기 등 2개 등)
④ 용무수(龍無水) : 양유구주(楊柳九株, 배용수가 없는 경우)
⑤ 작무지(雀無地) : 오동칠주(梧桐七株, 중명당에 불취수의 경우)

■ 이기오행(理氣五行) 사대국법

局	팔간기(八干氣)		입향(立向)		출수구(出水口)				
	右旋	左旋	右旋	左旋	묘	포	태	욕	쇠
金局	丁	庚	巽巳乙辰	庚酉辛戌	丑	寅	卯	午	辛
木局	癸	甲	乾亥辛戌	甲卯乙辰	未	申	酉	子	乙
水局	辛	壬	坤申丁未	壬子癸丑	辰	巳	午	酉	癸
火局	乙	丙	艮寅癸丑	丙午丁未	戌	亥	子	卯	丁

※ 좌선의 생궁, 우선의 왕궁. 묘는 동일궁

① 파구를 보고(묘, 포, 태)

② 파구가 무슨 국인가 판단해서

③ 국의 산과 수는 둘 중에서 하나는 시계 방향으로 돌고(左旋) 다른 하나는 반시계방향으로 돈다(右旋).

④ 산과 물을 막론하고 시계 방향으로 도는 것은 (甲, 庚, 丙, 壬)氣, 반시계 방향으로 도는 것은 (乙, 辛, 丁, 癸,)氣이다.

⑤ 입수(入首), 좌(座), 득(得)이 국(局)의 생(生), 왕(旺), 욕(浴), 대(帶), 관(冠), 쇠(衰)가 되고

⑥ 5항이 맞지 않으면 득과 향이 5항과 같은 궁으로 입향(入向)한다.

⑦ 물이 시계 방향으로 돌면(左旋) 甲, 庚, 丙, 壬의 왕궁(旺宮)이고(子, 午, 卯, 酉의 향 또는 衰向을 하고), 물이 반시계 방향으로 돌면(右旋) 乙, 辛,

丁, 癸의 왕궁(旺宮)이다. 寅, 申, 巳, 亥의 향 또는 쇠향(衰向)을 한다.

※ 삼길(三吉)은 진(震), 경(庚), 해(亥)이고, 육수(六秀)는 간병(艮丙), 손신(巽辛), 태정(兌丁)이다.

분금

흙과 돌에서 금을 가려낸다는 뜻이다. 지금까지의 풍수학은 금을 캐는 금광이고, 격룡, 천산, 투지, 입향 등은 금맥을 찾는 방법이지만 순수한 금만 가려내는 방법이 분금이다. 따라서 지극 정성을 다하여 시신을 뉘일 기선을 결정하는 법이다. 즉, 분금(分金)은 방위(方位)가 아니라 기선(氣線)이다.

천산(穿山) 72룡이란 기선의 일종으로 쉽게 말해 금맥을 찾기 위한 1차 관문이다. 용을 재는 기법이라 할 수 있다. 자세한 내용은 아래 표에서 설명한다.

투지(透地) 60룡 역시 기선의 일종으로 금맥을 찾기 위한 2차 관문이라 말할 수 있다. 혈로 들어오는 기를 재는 기법이다. 자세한 내용은 아래 표에서 설명하겠다.

분금은 360도(태극)를 240으로 나누어 1.5도의 기를 정밀하게 찾는 방법이다.

재(子)										임(壬)										24山	
10	9	8	7	6	5	4	3	2	1	10	9	8	7	6	5	4	3	2	1	10分	1.5
경자(庚子)			무자(戊子)		병자(丙子)			갑자(甲子)									계해(癸亥)			穿山	3.3
임자(壬子)			경자(庚子)			무자(戊子)			병자(丙子)				갑자(甲子)							透地	4
壬子(X)		庚子(O)		戊子(X)		丙子(O)		甲子(X)												分金	2

163

표에 따르면,

임기(壬氣)는 3.33 + 3.33 ≒ 7

자기(子氣)는 3.33 ≒ 3

이므로 임(7) + 자(3) 하여 10분(分)이 된다.

※ 분금(分金)은 공간이나 방위 개념이 아니라 기선(氣線)이다.

※ 분금오행(分金五行)은 납음오행(納音五行)을 쓰나 괘기(卦氣)가 우선이다.

※ 표에 따라, 생산능력이 있는 소양(少陽, ⚎)과 소음(少陰, ⚍)만 쓴다.

오원육기(五元六氣)

이상의 분금은 팔괘와 구궁을 이용하여 천도(天道)의 소장과 기수(氣收)의 영허를 살피고 연, 월, 일, 시를 이용하여 인사(人事)의 길흉을 보는 것으로 마지막 공간의 좌를 정하고 시간(택일)을 정하는 데 핵심이다. 최대공약수인 천간 10자와 지지 12자를 합하면 60갑자가 되는데 천간은 6회 지지는 5회 반복된다. 지지를 기준 하자면 5자원이고 천간을 기준하면 6갑기가 되는 것이다.

오원(五子元)

갑자(甲子)부터 을해(乙亥)까지가 1원

병자(丙子)부터 정해(丁亥)까지가 2원

무자(戊子)부터 기해(己亥)까지가 3원

경자(庚子)부터 신해(辛亥)까지가 4원

임자(壬子)부터 계해(癸亥)까지가 5원

이상의 오자원은 승기(勝氣)를 판별하는데 쓰이며, 천산(穿山)과 투지(透地)를 보는 데 사용한다.

육기(六氣)

갑자(甲子)에서 계유(癸酉)까지 천간 10위(位)

갑술(甲戌)에서 계미(癸未)까지 천간 10위(位)

갑신(甲申)에서 계사(癸巳)까지 천간 10위(位)

갑오(甲午)에서 계묘(癸卯)까지 천간 10위(位)

갑진(甲辰)에서 계축(癸丑)까지 천간 10위(位)

갑인(甲寅)에서 계해(癸亥)까지 천간 10위(位)

이상의 육기는 천성(天星)을 판별하는 것으로 분금과 태골(소조산에서 입수 산으로 오는 氣)에 쓰인다.

2:8, 3:7론

지반정침의 24산을 다시 나누어 매산 10분(分)하면 240이 되는데, 후천의 구궁 기수와 우수의 대충궁 수의 합이 10, 즉 2 : 8, 3 : 7이 되는 것에서 유래된 이론이다. 24산을 10분(分)한 240을 120분(分)금으로 나누면 2분이고, 분금은 3도씩이다. 이때 1분은 1.5도가 된다. 후천팔괘의 2는 소음(少陰)의 위(位)이고, 8 역시 소음(少陰)의 위(位)이다. 3은 소양(少陽)의 위(位)이고, 7 역시 소양(少陽)의 위(位)이다.

※ 즉 젊은 남녀가 만나야 생육능력(生育能力)이 있어 소음(少陰)과 소양(少陽)만 쓴다는
  것이다.

※ 분금(分金)은 생조망명(生助亡命)하여야 한다.

※ 정침분금은 용(龍), 안(案), 사(砂)를 맞출 때 쓰고, 봉침분금은 수(水)에만 사용하나
  서로 보완적이다.

화금분금(火金分金)의 원리

갑(甲)	병(丙)	무(戊)	경(庚)	임(壬)
건(乾)	간(艮)	감(坎)	진(震)	이(離)
☰	☶	☵	☳	☲
을(乙)	정(丁)	기(己)	신(辛)	계(癸)
곤(坤)	태(兌)	이(離)	손(巽)	감(坎)
☷	☱	☲	☴	☵

※ 위 표에서 괘의 가운데 효를 빼면 건곤감이(乾坤坎離) 괘가 소양(少陽), 소음(少陰)이 된다. 진손간태(震巽艮兌)의 4괘(卦) 소양(少陽), 소음(少陰)만 쓴다.

※ 무기(戊己)는 감이(坎離)로 일월(日, 月)의 출입문호(出入門戶)이다.

천양지양(天陽地陽) : 고(孤)
천양지음(天陽地陰) : 왕(旺)
천음지양(天陰地陽) : 상(相)
천음지음(天陰地陰) : 허(虛)

발복추산(發福推算)

천산 72용으로 입수일절(入首一節)에서 재어 납간(納干)하여 본괘로 삼아 초효부터 2, 3, 4, 5, 4효(爻)를 뽑아내어 주위의 생왕사(砂)를 보아 결정한다. 예를 들면,

입수룡(入首龍)이 감괘(坎卦)면 ☵, ☵
초효변 (☵, ☵) 수택절괘(水宅節卦) 정(丁)

二爻변 (☵, ☳) 수뢰둔괘(水雷屯卦) 경(庚)

三爻변 (☵, ☲) 수화기제괘(水火旣濟卦) 임(壬)

四爻변 (☱, ☲) 택화혁괘(澤火革卦) 정(丁)

五爻변 (☳, ☲) 뇌화풍괘(雷火豊卦) 경(庚)

六爻변 (☷, ☳) 지뢰복괘(地雷復卦) 을계(乙癸)

즉 정(丁), 경(庚), 임(壬), 을(乙), 무(戊), 기(己)년생이 해당년에 발복(發福)한다. 또한, 건(乾), 손(巽), 간(艮)의 3괘(卦)가 없으므로 갑(甲), 신(辛), 병(丙)년생이나 해당년에는 없다고 본다. 주위의 파(破)를 세심하게 살펴 심중히 결정하여야 한다.

계금정시(癸金井時) 일기예단(日氣豫斷)

① 투지(透地)을 쓴다.

② 관국주산(管局主山)이 비도(飛倒)하는 천간자(天干字)로 본다.

③ 분금(分金)으로 시정(是正)한다.

갑을(甲乙) : 풍(風)

병정(丙丁) : 전(電)

무기(戊己) : 무(霧)

경신(庚辛) : 뇌(雷)

임계(壬癸) : 우(雨), 설(雪)

⋮ 나경

　나경의 생성과정은 어느 시대 누가 만들었는지는 알 수 없으나 중국의 전국
시대에 지남거가 처음이라는 추측만 있을 뿐이다. 그러나 정확한 명칭은 나경
이다. 여기에서 나(羅)은 포라만상(包羅萬象), 즉 세상의 이치를 포용하고 망라
한다는 뜻이고 경(經)은 경륜천지(經輪天地)라 해서 천지의 이치를 통합하고
포용한다는 뜻이다. 이러한 나경은 천시(天時)와 지리(地利)를 깊이 살펴서 알
고 인사(人事)를 결정하는 신기(神器)이다.

　나경은 오층반, 칠층반, 구층반, 이십팔층반, 삼십삼층반 등이 있으며 통상
간편한 구층반을 많이 사용한다. 방위도 24방위, 72천산, 60투지, 120분금
등으로 세분화 했는데 보통은 정침, 중침, 봉침과 천산, 투지, 분금 등을 많이
본다.

　1. 천극(天極)
　2. 팔요살(八曜煞)
　3. 황천살(黃泉煞)
　4. 쌍산오행(双山五行)
　5. 정침(正針)
　6. 천산칠십이룡(穿山七十二龍)
　7. 인반중침(人盤中針)
　8. 투지육십룡(透地六十龍)
　9. 천반봉침(天盤縫針)
　10. 분금(分金)

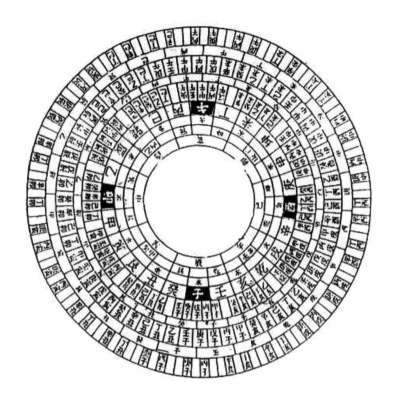

나경을 놓고 보는 곳

나경을 배꼽부위에 바르게 놓고 용맥을 잴 때는 과협, 결인처를 재어 산의 출맥처와 내맥을 측정한다. 득수와 파구는 묘의 소명당, 즉 상석 중심에서 측정하고 사격은 혈심처에서 산봉우리의 가장 힘 있는 곳을 잰다.

나경 사용설명

1층: 팔요살을 보는 곳이다. 묘좌나 집터의 좌에서 물과 바람의 오고 감을 보는데, 감(坎)궁에 진방(辰方)의 물과 바람이 팔요풍, 팔요살이 된다.

2층: 황천수의 길흉을 본다. 향과 물의 오고 감이 현공오행으로 생입극입하면 진신이라 구빈황천이고 생출극출이면 퇴신이라 하고 살인황천이다.

3층: 오행이다, 즉 쌍산삼합오행이다.

4층: 지반정침이다. 방위의 근본이고 지남철의 남쪽은 오(午)가 중앙이고 북쪽은 자(子)가 중앙이다.

5층: 천산으로 용맥을 재는데 쓴다. 빈칸은 공망이라 하여 쓸 수 없는 맥이다.

6층: 인반중침이라 하고 정침보다 반 칸 앞에 있고 천성의 길흉을 재는 방법이다.

7층: 투지라고 하며 혈좌에 들어오는 생기를 재는데, 병좌일순과 경좌일순이 좋다.

8층: 천반봉침이라 하고 지반정침보다 반 칸 뒤에 있고 물을 재는데 쓴다.

9층: 분금이라고 하며 정확한 기선을 결정하는데 쓴다. 화금(火金)분금만 쓴다.

축(丑)	자(子)			십이지(十二支)
	子			봉침(縫針)
팔괘(八卦)		子		정침(正針)
천성길흉(天星吉凶)			子	중침(中針)

선사들의 혈기(穴忌)에 대한 결(訣)

1. 장서(葬書)의 5불가장(5不可葬)

◇기이생화이(氣以生和而) 동산(童山) 불가장(不可葬):
  −초목(草木)이 살지 못한 곳

◇기인형이내(氣因形以來) 단산(斷山) 불가장(不可葬):
  −기맥이 접속하지 못한 곳

◇기인토행이(氣因土行而) 석산(石山) 불가장(不可葬):
  −암반이 있는 곳

◇기이세지이(氣以勢止而) 과산(過山) 불가장(不可葬):
  −용호가 수렴하지 못한 곳

◇기이용회이(氣以龍會而) 독산(독산) 불가장(不可葬):
  −무정하고 음양교구가 되지 못한 곳

2. 장서(葬書)의 육흉(六凶)

음양교착위일흉(陰陽交錯爲一凶) : 음양교구가 되지 못한 것

세시지여위이흉(歲時之戾爲二凶) : 택일이 잘못된 것

역소도대위삼흉(力小圖大爲三凶) : 분수에 맞지 않은 대지만 찾는 것

빙복시세위사흉(憑福恃勢爲四凶) : 관권, 금권으로 명당을 구하는 것

잠상핍하위오흉(潛上逼下爲五凶) : 다른 묘소 가까이 쓰는 것

변응괴견위육흉(變應怪見爲六凶) : 장사 지내려는데 괴상한 일이 생기는 것

3. 청오사(靑烏師)의 십불상(十不相)

① 조완추석(粗碗醜石) : 아름답지 못한 흉한 돌 근처

② 급수쟁유(急水爭流) : 빠르게 흐르는 물

③ 궁원절경(窮源絕境) : 용맥 발신처, 깊은 산중

④ 단독용두(単獨龍頭) : 청용, 백호가 없는 곳

⑤ 신전불후(神前佛後) : 사당이나 절 주위

⑥ 묘택휴수(墓宅休囚) : 운이 이미 쇠퇴한 곳

⑦ 산강요란(山岡療亂) : 산세가 강하고 무정한 곳

⑧ 풍수비수(風水悲愁) : 바람이나 물소리가 우는 듯이 들리는 곳

⑨ 좌하저연(坐下低軟) : 탕산사기(蕩散死氣)

⑩ 용호첨두(龍虎尖頭) : 청용, 백호가 서로 싸우는 형세는 흉

4. 요금정의 혈면사병(穴面四病)

① 관정맥(貫頂脈) : 혈성의 머리가 개면을 못하고 대나무처럼 쭉 뻗은 곳

② 추족맥(墜足脈) : 맥이 물속으로 빠져 들어간 것

③ 붕면(崩面) : 횡으로 여러 개의 맥이 있는 것

④ 포비(飽肥) : 옹종인 듯 살이 많이 찐 것

수구사(水口砂)

수구사란 물이 나가는 곳의 양쪽에 자리한 산을 말하는데 물의 직출을 막아 주는 역할이다. 좋은 혈에는 특이한 바위나 산이 있어 인홀(印笏), 일(日), 월(月), 금수(禽獸), 구사(龜蛇), 사상(獅象), 기고(旗鼓) 등등이 있다.

① 화표(華表) : 수구 사이에 높고 우뚝한 산
② 한문(捍門) : 일월(日月), 구사(龜蛇), 사상(獅象), 기고(旗鼓) 등이 있다.
③ 북진(北辰) : 화표, 한문 중에서도 특이한 산을 말한다.
④ 나성(羅星) : 수구, 관란 중 퇴적된 흙구릉, (예. 여의도)

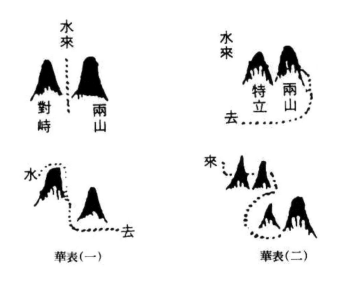

華表(一)　　　　　　華表(二)

捍門(一)　　　　　捍門(二)　　　　　捍門(三)

화표 한문

174 천명을 바꿀 수 있는 풍수지리 정석

: 사신사의 길흉

　사신사에 대한 내용은 앞서 설명했지만 중요함이 매우 커서 다시 설명한다. 현무는 북방칠수(北方七宿)인데 모양이 거북이와 같이 머리를 숙여 정중하고 은은한 것이 좋다.

　청룡은 동방칠수(東方七宿)이고 모양이 용과 같아 길고 고개를 쳐들어야 조화를 부릴 수 있다. 백호는 서방칠수(西方七宿)이고 그 모양이 몸이 짧고 꼬리는 길어야 위엄이 있고 고개를 들면 함시(啣屍)라 하여 대흉(大凶)이다. 주작은 남방칠수(南方七宿)이고 모양은 나는 새와 같이 두 날개를 펴고 훨훨 날아야 길상이다.

⋮ 명당의 길흉

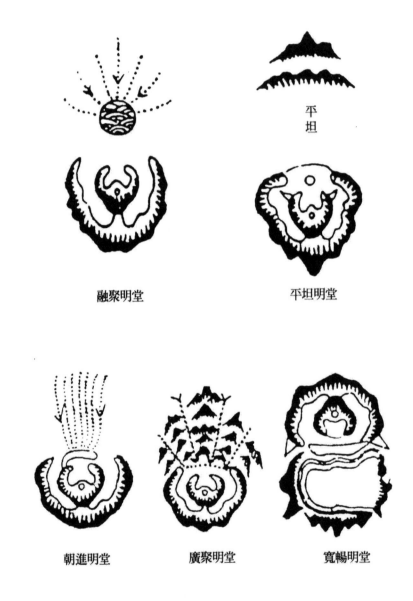

平坦

融聚明堂　　　　平坦明堂

朝進明堂　　　廣聚明堂　　　寬暢明堂

명당에는 교쇄명당, 요포명당, 주밀명당, 융취명당 등등이 있다.

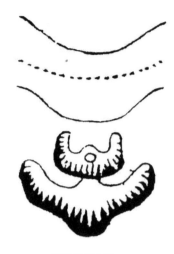

反背明堂

窒塞明堂

傾倒明堂

劫殺明堂

명당길흉도

交鎖明堂(一)

周密明堂

交鎖明堂(二)

繞堂明堂

명당길흉도

⦙ 양택(陽宅)

　지구상에 존재하는 모든 동물의 삶에 필수적인 것이 먹는 것과 잠자고 생활하는 주거공간이다. 특히 인간에게는 의, 식, 주가 삶의 목표일 정도로 중요한 과목이다. 이 중에서도 주거공간의 중요성은 더욱 더 절박할 정도인데 가택(家宅)은 가족과 함께 먹고 자는 공동체적 삶의 터전이다.

　이러한 집에서 다음 날의 활동을 위하여 편안하게 쉬며 건강하게 음식을 취하고 종족 보존을 위해서 사랑을 나누며, 사회생활의 모든 규범을 가르치고 배우게 된다.

　이렇게 중요한 양택(陽宅)풍수는 오랜 세월 인간의 삶에 자연의 중요성을 연구하여 건강한 삶과 가족의 풍요로운 미래를 추구하는 멋진 풍수 기법이다.
　따라서 운명공동체는 혈연(血緣)이고, 경제공동체이다. 숙명(宿命)은 타고난 팔자(八字)이고 운명(運命)은 숙명(宿命)을 운전해가는 삶(脫神功 改天命)이다.
　또, 콩 심은 데 콩 난다는 속담에 연(緣)을 더하면 인연이 되어 고염나무에 단감을 접목하면 단감이 되는 것과 같다.

　연이란 만남, 배움, 언행, 의식주에 따라 생기는 것이다. 운명이라는 것은 사람의 노력에 따라 어떤 인연을 만드는가에 개운이 가능하지만 쉬운 방법 중 하나가 우리가 사는 집을 풍수학적으로 고르는 것이다.
　운세가 좋은 사람이 자연의 법도에 맞는 양택(陽宅)에서 살면 뜻하는 대로 잘 풀려 이상적이고 운세가 좋지 않은 사람도 좋은 집에서 생활하면 재앙 없이 편안한 삶을 살 수가 있다.

반면 운세가 좋은 사람도 흉가에서 생활하면 심신이 편안치 않거나 재앙이 생길 수도 있다. 나쁜 운세의 사람이 자연에 이치에 맞지 않는 곳에 거처하면 건강, 사업 등 모든 일에 재앙이 겹치게 된다.

이렇게 우리가 살고 있는 곳을 결정하는 양택풍수는 행복과 불행을 가름하는 아주 중요한 역할을 하고 있다. 인간은 행복과 불행을 본래 타고난 운세와 후천적으로 생활하면서 생기는 직접 접기가 서로 작용하면서 나타나는 현상을 보아 판단한다.

특히 접기의 작용은, 정신적인 것과 육체적으로 완전한 휴면상태로 잠에 들었을 때 가장 많이 작용을 미친다(직접 욕기).

■ 운과 집의 상관관계

① 운호(運好)이고 택길(宅吉)이면 상승(上乘)작용을 한다.
② 운호(運好)이지만 택흉(宅凶)이면 현상유지 하거나 때때로 화(禍)가 있다(不吉無凶).
③ 운흉(運凶)이지만 택길(宅吉)이면 현상유지 하거나 때때로 화(禍)가 있다(不吉無凶).
④ 운흉(運凶)이고 택흉(宅凶)이면 몰락이다.

※ 사람이 외기(外氣)로부터 가장 영향을 많이 받는 시간은 취침시간이고 무방비이기 때문이다.

■ 택지(擇地)의 사대요건(四大要件)

① 풍수적 조건, 지리(地利)라고도 한다. L-로드나 기감이 아닌 지리를 보아
   야 한다.
② 경제적 조건, 생리(生利)라고도 한다.
③ 주변 주민의 성정(性情)
④ 환경적 조건 -景觀
⑤ 정서(情緒)적 조건 등을 고려하여야 한다.

■ 집터의 풍수

　풍수적으로는 집터와 묘터는 크게 다르지 않으나 묘터에 비해 집터는 내룡
의 힘이 크고 왕성해야 한다. 물은 큰물이 모여 감싸야 하고 국은 더욱 크고
넓어야 한다.
　주위의 사는 더욱 크게 벌려야 대취국 또는 중취국으로 집터를 맺게 된다.
집터는 한 가옥에 4~5명이 살기 때문에 충분한 기가 필요하다.

　택리지의 저자 이중환 선생은 살만한 집터의 조건으로 풍수적 조건을 제일
먼저 언급했다. 또한 십승지(十勝地)라고 우리나라의 중요한 지역 10개를 선정
하여 놓았다.
　선정 이유는 삼재(三災) 불입지지(不入之地)로 가히 살만하다는 것이다.

　삼재란,
　① 병(兵): 전란(戰亂)의 공격 목표,
　② 흉(凶): 풍수적인 재해,
　③ 병(病): 환경, 전염병이다.

　앞에서 언급한 용, 혈, 사, 수, 혈법이 음택풍수를 설명했는데 집터의 풍수

또한 크게 다를 바 없고 다만 보국의 크고 작음의 차이가 있다.

보국이 커야 많은 인구를 모여 살 수 있고 많은 인구가 사용할 물 또한 큰 물이어야 하며 교통의 편리성도 고려하여 주위의 도시와 연계성 등을 살펴야 한다.

터가 신당이나 불당의 주위이거나 전에 형무소가 있던 곳이나 사람이 많이 죽은 싸움터 같은 곳은 재앙이 계속된다.

또한, 햇볕이 들지 않거나 캄캄한 굴이 가까이 있으면, 즉 기도처이거나 귀신이 사는 곳이라 괴상한 이변이 생긴다.

또, 구슬픈 물소리나 바람소리가 들리면 음파(音波)작용하여 정신질환이나 사람이 죽기도 한다. 주로 섬 지역이나 바닷가에 해당한다.

이기적 조건

음택풍수와 크게 다를 바 없으나 집터를 고를 때 참고하자면 주산으로부터 오는 용이 사강(四强, 乙, 辛, 丁, 癸)이면 무관은 성(盛)하고 문관은 쇠(衰)한다. 사순(四順, 甲, 庚, 丙, 壬) 하면 문관은 성(盛)하고 무관은 쇠(衰)한다. 사장(辰, 戌, 丑, 未)하면 서민은 성(盛)하고 양반은 쇠(衰)한다.

※ 서향집은 좋지 않다.

⦂집터의 조건

　한국의 지세가 삼면이 바다이고 대륙에 연결되어 있어 겨울에는 북서풍이
여름에는 동남풍이 그 밖의 계절에는 편서풍이 불어와 대륙의 영향을 많이 받
고 있다. 특히 겨울의 북서풍이 매서운 살풍이라는 점을 고려하여 집터를 찾
아야 하는데 북쪽을 가려주는 산이 있어야 하고 반대로 남쪽은 여름에 시원한
바람이 불어와야 하니 앞을 가리는 산이 없어야 좋은 터라 하겠다.

　좋은 터의 조건은
　일조량이 풍부하고
　북서풍과 동남풍의 내거하고(西北高, 東南低)
　배수와 수상이 연계가 되어야 한다.
　즉, 사신사가 조화와 균형을 이루어야 한다.

　사람은 양기를 받고 삶을 영위한다. 우리가 생활하는 주택이나 아파트는 동
쪽, 남쪽의 충분한 햇볕과 바람을 받고 생활하는데 그래야만 사람의 마음이
밝고 정서적인 안정감과 몸이 건강해서 진취적인 생활을 할 수 있다. 햇빛은
만물을 기르는 힘과 살균력을 가지고 있다.
　또한, 물은 동쪽의 산과 집터 사이에 적당히 넓고 완만하게 흐르는 물이 이
상적이다. 동쪽 방향은 해가 뜨는 생기 방이라 맑은 기가 충만하여야 좋은 기
를 받을 수 있다.

183

서쪽 방은 적당한 높이의 산이 있어 살풍을 막아주어야 하고 국 안에서 일어나는 탁한기를 배출해야 바람직하다. 물길이 바람길이라 물은 동출서류(東出西流)하는 것이 좋다. 하지만 오늘날의 도시 현실은 주변의 높은 구조물이 많이 들어서 있어 급속도로 기가 탁해져 있다. 기를 자정할 힘이 부족하고 일조량도 부족하지만 최소한의 일조량과 물의 확보가 양택의 필수 조건이다.

그러기 위해서는 오염처리를 위한 물과 통풍에 집 주변 약간의 구릉이 있어야 자연스럽고 우물의 수원이 맑고 넉넉하여야 하고 주위에 흐르지 않고 고여 있는 물이나 오물처리장이 있으면 좋지 않다. 양택에서 통풍 또한 중요시하는데 좁은 골바람이나 큰 도로에서 불어오는 바람 등은 흉이다.

하늘하늘 잔잔하게 불어오는 미풍이 불어와서 한 바퀴 돌아나가는 것이 좋다. 교통의 편리성과 부작용, 소음공해, 큰 건물의 그늘짐, 오염 배출 공장의 유무, 썩은 물이 고인 작은 연못 등등을 고려해 정해야 하며 토질 또한 매우 중요하다.

대지 표면이 진흙이나 갯벌로 되어 있으면 습기가 많아 좋지 않고 지표면이 암석으로 된 곳은 땅 기운이 올라오기 쉽지 않고 배수도 잘되지 않으며 큰비로 무너질 위험도 있다.

점토질이나 사토질 등은 좋지 않고 습도가 적당히 있고 지나치게 건조하지 않은 비조비습의 흥황색의 지질이 단단하고 생기를 머금고 있는 양토질이 좋다.

지형

우리의 지형은 대부분 방형이나 각형인데 이중, 장방형이나 정방형이나 경사가 급한 것은 좋지 않다. 방(方)형에는 정확성, 완고성, 근면성 등의 뜻이 있고, 삼각형에는 예리함, 기민성, 성냄 등의 뜻이 있다.

방위

요즘 도시 건물의 형태와 구조는 실용성, 경제성에만 치중하고 풍수적이고 정서적인 것은 무시하는 구조이다. 주거의 길흉이 오직 기동선에 달려 있는 것을 모르는 것으로 이것이 매우 중요하다. 기동선 즉 기선은 주역의 팔괘 방위가 기준이다.

감괘(坎卦)	임자계 (壬子癸)	동지	중남(中男)	신(腎)	이(耳)
이괘(離卦)	병오정 (丙午丁)	하지	중녀(中女)	심장	소양(少陽)
진괘(震卦)	갑묘을 (甲卯乙)	춘분	장남(長男)	간(肝)	신경
태괘(兌卦)	경유신 (庚酉辛)	추분	소녀(少女)	폐(肺), 구(口)	소음(少陰)
간괘(艮卦)	축간인 (丑艮寅)	입춘	소남(少男)	위(胃), 견(肩)	
곤괘(坤卦)	미곤신 (未坤申)	입추	노모(老母)	육(肉),복(腹),비(脾)	노음(老陰)
건괘(乾卦)	술건해 (戌乾亥)	입동	노부(老父)	두(頭),골(骨), 대장(大腸)	노양(老陽)
손괘(巽卦)	진손사 (辰巽巳)	입하	장녀(長女)	고(股)	

방위별 특성

동쪽(震) 계절은 봄에 해당하고 시간의 묘시(卯時)의 아침이며 사람은 젊은 장남에 해당하는 방위이다. 동양에서 가장 신성시하는 방위로 생명과 번식의 왕성한 활력이 넘치는 궁으로, 정중에서 225도의 45도를 담당하고 24방위로는 갑묘을(甲卯乙)에 해당한다. 좋은 궁이면 발전, 창조, 진취, 공정성 등을 갖추며 나쁜 궁이면 쇠퇴, 조금, 허약, 다리병, 우울증 등의 화가 있다.

남쪽(離) 계절은 여름에 해당하고 시간은 오(午)시의 한낮이며 사람은 중녀에 해당하고 24방위의 병오정(丙午丁)이며 정중에서 180도, 225도의 45도를 담당한다. 또한, 해가 정중에 있는 시간이라 그림자가 없는 아주 왕성하게 활동하는 방위이나 양기가 가장 왕성하여 점점 음기가 생기는 계절이기도 하다.
좋은 궁이면 학문, 명예, 총명, 영전, 입신 등의 양질의 삶이고 나쁜 궁이면 소송, 투쟁, 충돌, 이별, 화재 등의 재앙이 있고 신체에 비유하면 변비, 불면증, 심장병, 눈병 등의 화가 있다.

서쪽(兌) 계절은 가을이고 시간은 유(酉)시 저녁이며 사람은 젊은 소녀에 해당하고 24방위는 경유신(庚酉辛)이며 270도에서 225도의 45도를 담당한다. 뜨거운 햇볕이 시원해지고 만물은 성장을 멈추고 결실기에 접어들고 왕성한 여름에 지친 심신을 회복시키며 겨울을 대비하는 시기이다.
좋은 궁이면 물질, 재물, 수입이 늘고 삶이 풍요롭다. 나쁜 궁이면 낭비, 구설, 색정, 사치 등으로 좌절한다. 인체에 비유하면 호흡기, 구강, 두통, 성병 등의 화가 있다.

북쪽(坎) 계절은 겨울이고 시간은 밤 12시이고 몹시 춥고 음기 가득한 계절이라 만물이 잠드는 시기이다. 방위는 임자계(壬子癸)이며 0도에서 22.5도 45도를 담당하는 궁이다. 오행으로는 수이고 좋은 궁이면 학문, 연구 등이 발전하고 나쁜 궁이면 빈곤, 도적, 고독 등으로 화가 있고 인체에 비유하면 우울증, 중독증, 신경계 등의 병이 있다.

북동쪽(艮) 계절은 겨울이 지나 봄으로 가는 입춘의 계절이고 하루 중에는 새벽이다. 음양 변화의 계로로 위험을 수반하는 귀문(鬼門)의 방위이다. 방위는 축간인(丑艮寅)이며 45도 정중에서 22.5도의 45도를 담당하는 궁이다.

오행으로는 습토(濕土)이며 7개의 궁이 모두 이웃과 상생이거나 상비하는데 유독 간(艮)궁만은 이웃의 감(坎)궁과 토극수(土克水, 水多土流)하고 또 진(震)궁과는 목극토(木克土, 土裂) 관계이다. 좋은 궁이면 개혁, 변화, 개조 등 사업에 성공하고 좋은 후계자를 얻게 된다.

나쁜 궁이면 조급히 움직여 실패하고 인체에 비유하면 신경, 관절 혈액계통의 암이 발생하기 쉽다.

동남쪽(巽) 계절은 늦은 봄부터 이른 여름까지이고 하루는 사(巳)시이고 방위로는 진손사(辰巽巳)에 해당하고 135도에서 22.5도의 45도를 관장하는 궁이다. 온도와 습도가 년 중 가장 적당하여 체력 증강에 좋은 계절이며 일생 중에도 가장 활동적인 시기이다.

좋은 궁이면 혼담, 상담 등이 순조롭고 먼 훗날의 담대한 포부가 실현되는 곳이다. 나쁜 궁이면 혼담이나 상담이 중도에서 깨지고 나쁜 사람들이 모이고 신용이 없고 인체에는 치질, 탈장, 성병, 신경, 간과 장 계통 병의 위험이 있다.

남서쪽(坤) 계절은 늦여름에서 초가을의 계절이고 하루는 미, 신(未, 申)시이다. 방위로는 미곤신(未坤申)이며 225도에서 22.5도의 45도를 담당하는 토괴(土塊)궁이라 모든 일이 잘 풀리지 않는다. 열기가 연중 최고이고 음과 양이 변화하는 계절이라 체력이 빠르게 쇠잔해 위험한 상태로 빠진다.

토왕(土旺)의 시기라서 모든 행사는 중지함이 좋다. 좋은 궁이면 관용, 근면, 순종, 부동산으로 인한 이익이 있고 나쁜 궁이면 심란, 과용, 과부 등의 재앙이 있다. 인체에는 소화기, 정력, 황달 등의 질병의 위험이 있으며 특히 바보가 생길 수 있다.

  서북쪽(乾) 계절은 늦가을부터 초겨울의 절후이고 하루는 술해(戌亥)의 시간
이다. 밤이 오고 추위가 점점 다가오므로 잠자리에 들 준비를 해야 하며, 만
물은 겨우살이에 대비해 정기를 축적하는 계절이다.
  방위로는 술건해(戌乾亥)이며, 315도에서 22.5도의 45도를 담당하는 궁이
다. 좋은 궁이면 통솔력, 정의감, 결단력, 사회사업 등 좋은 일이 생기며 나쁜
궁이면 투기, 교통사고, 과부 등이 있고 인체에는 두통, 고혈압, 열병, 골절,
암 등의 질병이 생긴다.

⋮지세의 기복과 길흉

 동방이 높고 다른 삼방이 평탄한 곳은 생기를 차단하여 파산, 색정 등을 불러온다. 동방이 약간 낮은 곳은 생기가 충만하여 자손 번영, 사업의 발전을 가져온다. 동방과 남방이 열려 있는 곳은 만사가 좋게 된다.

 남쪽이 높은 곳은 일조차단이라 병약, 소송 등이 생긴다. 남쪽이 약간 낮은 곳은 양기 충만이라 마음이 넓고 총명하여 성공한다. 남서쪽이 약간 높은 곳은 양기 부족이라 반흉이다. 신체허약, 유산 등의 액운이 따른다.
 서쪽이 열리고 다른 삼방이 높은 곳은 살기방이라 파산 등의 액운이 따른다. 서북쪽이 높으면 살기가 차단되어 만사가 편안하다. 서북쪽이 낮으면 냉기충만이라 순조롭지 못하고 위계가 없다.
 북쪽만 높으면 냉기차단이라 교제가 넓다. 북동쪽이 높으면 성실하여 성공을 이룬다. 북동쪽이 낮으면 귀문방이라 지나친 욕심으로 망한다.

■ 도로와 길흉
 음택에서와 마찬가지로, 모든 도로가 울타리와 반배하거나 충하면 흉이고 도로를 물길로도 본다. 물길은 바람길이기도 하여 중요하게 본다. 집 또한 도로에서 가까우면 먼지, 소음, 교통사고의 위험이 있고 특히 주의할 점은 막다른 골목에는 살지 않는 것이 좋다.

■ 기타

집 주변의 나무가 너무 높게 자라면 흉이고 또 넝쿨진 나무나 식물이 있으면 사업이 순조롭지 못하고 꼬이게 되며 단풍나무는 좋지 않다. 그리고 주변에 흐르지 않고 고여 썩은 물이 있으면 좋지 않다. 또한, 습지에서만 자라는 갈대숲이 있는지 살펴보아야 한다. 습기가 많은 땅은 각종 질병을 일으켜 건강에 좋지 않다. 또, 주변에 공동묘지가 있는지 여부도 확인해 보아야 한다. 심성에 나쁜 영향을 주기 때문이다.

■ 설계

터잡기를 정하였다면 집을 짓기 위한 설계가 필요하다.

설계에는 좌향을 어떻게 어디로 하는지

전체 대지에서 건물 면적과 정원 비율이 어떤지

대문 위치는 어떤지

배수 시설의 방향은 어떤지

건물의 높이와 크기, 내부 구조, 모양, 색채 등을 보아야 한다.

좌향은 보통 남향집을 선호하고 동쪽 대문을 좋은 것으로 생각할 수 있다. 하지만 남쪽이나 동쪽에 큰 건물이 막혀있다면 큰 고민이다. 건물의 좌향을 결정할 주의할 점을 몇 가지 적어본다.

① 자, 오, 묘, 유(子, 午, 卯, 酉)의 좌향의 경우 자오(자오)는 음양의 기축선이고 동지와 하지의 분계선이며, 묘유(卯酉)는 해와 달이 뜨고 지는 문호이고 춘분과 추분의 분계선이다. 자오묘유(子, 午, 卯, 酉) 모두 기의 진폭이 크기 때문에 정중선은 피하는 것이 좋다. 옛날 사대부가나 궁궐 등의 좌향이 계좌 정향, 임자 병향 등 5도 정도 피하는 것이 좋다.

② 팔괘궁의 분계선은 피해야 한다.

예를 들면,
건(乾)궁과 감(坎)궁의 경계선인 해(亥, 陰), 임(壬, 陽) 쌍행선
감(坎)궁과 간(艮)궁의 분계선인 계(癸), 축(丑)　　　쌍행선
간(艮)궁과 진(震)궁의 분계선인 인(寅, 離), 갑(甲, 乾) 쌍행선
진(震)궁과 손(巽)궁의 분계선인 을(乙, 坤), 진(辰, 坎) 쌍행선
손(巽)궁과 이(離)궁의 분계선인 사(巳, 兌), 병(丙, 艮) 쌍행선
이(離)궁과 곤(坤)궁의 분계선인 정(丁, 兌), 미(未, 震) 쌍행선
곤(坤)궁과 태(兌)궁의 분계선인 신(申, 坎), 경(庚, 震) 쌍행선
태(兌)궁과 건(乾)궁의 분계선인 신(辛, 巽), 술(戌, 離) 쌍행선

이상의 쌍행선은 주관괘가 불분명하고, 귀문이라 하여 좋지 않은 기선이다. 특히 해임(亥壬), 인갑(寅甲), 사병(巳丙), 신경(申庚) 등 사정방은 절원공망(絶源空亡)이라 하여 크게 꺼린다. 기타, 다른 쌍행도 피하는 것이 좋고 지반정침 단자를 순청하므로 좋게 본다.

③ 진술축미(辰戌丑未) 기선은 토기(土氣)가 왕성한 방위이기 때문에 절대로 피하는 것이 좋다.

이상으로 좌향의 길흉을 고려하여 결정하고 대지의 넓이와 건물의 넓이를 적당한 비율로 정중앙에서 약간 뒤쪽으로 하는 것이 이상적이다.

대지의 분할

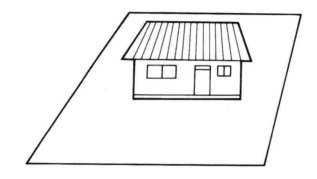

정방형의 대지에 평형을 유지한 것이다.

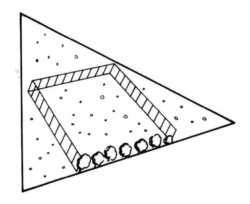

삼각형의 대지에 평형을 유지한 것이다.

■ 건물의 구조

건물의 구조에서 대문은 집과 밖을 경계 짓고 출입하는 밖과 교류하는 통로
이며 거주하는 사람들의 활동력과 대인관계 등의 성향이 매우 크다고 할 수
있다. 따라서 외기와 내기가 최초로 만나는 접기처이기도 하다. 그래서 대문

의 중요성이 좋은 집이냐 흉가냐를 보는 척도이기도 하다. 또, 대문의 크기는 가옥과 비교하여 너무 크거나 작지 않게 균형과 조화를 이루고 높낮이와 넓이 대문의 재료도 가옥과 조화를 이루어야 한다. 열고, 닫는 방향 또한 현관문과 다르게 하여야 하며 이웃집 대문과 마주 보는 것도 좋지 않다. 또 대문과 안 방 문이 서로 충하는 방위에 있으면 집안이 분열한다. 또한, 대지와 도로가 평형을 이루면 길상이고 특히 물이 오는 쪽에 대문이 있으면 좋다.

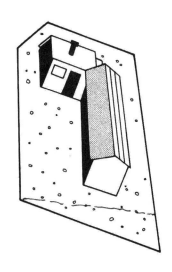

■ 대문과 현관의 방위

앞서 강조한 자오묘유(子午卯酉)와 진술축미(辰戌丑未)의 정중선은 좋지 않아 피해야 한다.

진방(震方), 갑묘을(甲卯乙)은 생기가 충만하여 발전의 상이다.
손방(巽方), 진손사(辰巽巳)는 역시 생기방이고 모든 면에서 발전한다.
이방(離方), 병오정(丙午丁)은 양기가 지나치게 많아 집안이 시끄럽다.
곤방(坤方), 미곤신(未坤申)은 이귀문(裡鬼門)으로 여인이 방탕 음란하기 쉽다.

태방(兌方), 경유신(庚酉辛)은 소녀궁이라 여인의 활동이 좋고 금전운이 좋다.

건방(乾方), 술건해(戌乾亥)는 은퇴 가장이 권위를 상실하고 만성질환이 있다.

감방(坎方), 임자계(壬子癸)는 불길하다. 집안에 습기가 많고 공부하는 사람은 좋은 성적을 기대하기 어렵다.

간방(艮方), 축간인(丑艮寅)은 표귀문(表鬼門)이라 병고, 가정불화, 도난 등이 있다.

대문의 위치

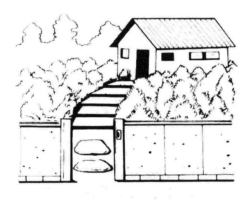

계단을 올라오는 경우이다. 대지가 높고 문은 낮다. 이성문제로 혼란이 온다.

계단을 내려오는 경우이다. 대지가 낮고 문이 높다. 이는 장남으로 승계되지 못한다는 점을 암시한다.

■ 집의 구조

집안의 안방, 주방, 응접실, 목욕탕, 화장실, 아이들 방, 서재 등의 구별이다. 안방은 건물의 중심점에 해당하며 가장이 가사를 주관하는 곳이다. 건물 전체를 통제할 수 있도록 해야 한다. 안방의 위치는 건(乾)궁, 감(坎)궁에 가까운 중심부에 자리하는 것이 좋으며, 180도 정도의 시계가 가능하도록 넓게 하는 것이 좋다. 남녀의 방도 여성은 음이라 조용한 것을 좋아하여 북쪽에 자리하며 남성은 양이라 활동적인 남쪽이 적합하다. 아이들 방은 밝고 전망이 보이는 곳이 좋다. 그리고 통로는 매우 신경을 써야 한다. 남북으로 통하는 마루는 가족 관계가 소원해지고 동서로 통하는 마루는 사제간 사이가 좋지 않다. 방의 주위에, 마루를 두는 경우에는 밖의 소음이 안방으로 전달되어 마음이 안정되지 않는다.

주방

음식을 만드는 공간이다. 물과 불을 사용하여야 하므로 당연히 환기가 잘 되는 곳이어야 한다. 그러므로 간(艮)궁과 곤(坤)궁은 귀문으로 기가 좋지 않은 방위라 불가하다. 북쪽은 찬 기운을 막기 위해 밀폐되어 탁기를 배출할 수 없어 좋지 않고 건(乾)궁과 진(震)궁이 적합하다.

식탁은 온 가족이 한자리에 모이는 공동 공간이다. 밝고, 양기가 충만해야 좋으므로 동쪽과 남쪽이 좋다. 가족의 건강과 화합 등의 중요한 의미가 있으므로 방향, 위치 설정에 세심한 주의가 필요하다.

방의 배치

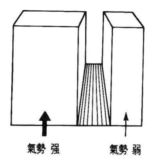

氣勢 强　　氣勢 弱

집이 두 쪽으로 갈라짐으로 흉하다. 오른쪽(좁은 면)은 기세가 약하고 왼쪽(넓은 면)은 기세가 강하게 되어 균형을 잃었다.

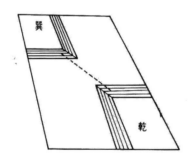

乾방의 방과 巽방의 방이 서로 충하게 되어서 대립과 불화가 있게 된다(金木相戰).

욕실, 화장실

욕실은 용변, 목욕, 세탁 등을 하는 장소이다. 물을 많이 써야 하므로 자연히 습기가 많이 생기기 된다. 해서 동쪽은 생기 발육의 궁이라 습기가 많으면 어린아이들이 병을 자주 앓게 된다. 남쪽 방은 화궁이라 수화(水火)가 상극되어 안질, 심장병, 우울증 등의 병이 생길 수 있다. 서쪽 방은 부인과 질병과 재물의 손해가 염려된다. 곤방은 토의 궁이라 여자들이 불안하고 정신과 질환이 우려된다. 손방이 좋다. 손궁은 바람을 뜻하는 자리이라 습기를 날려보낸다.

　화장실은 모든 오물을 배출하는 곳으로 욕실 다음으로 습기가 많다. 때문에 배수가 잘되는 곳으로 정해야 한다.

방위별 특성을 고려하면
건방(乾方)은 위계질서가 무너지고 쇠퇴한다.
서방(西方)은 여인의 병이 많고 혼사가 잘 이루어지지 않는다.
남방(南方)은 심장병, 두통, 안질 등이 있고 소송이 빈번하다.
동방(東方)은 장남이 건전하지 못하다.
손방(巽方)은 규방이 부정하다.
북방(北方)은 부모와 자식에게 불화가 있다.
간방(艮方)은 소년이 요절하고 중풍환자가 생긴다.
곤방(坤方)은 유처취처(有妻聚妻), 즉 가장이 바람피운다.
중앙은 대흉이라 환자도 많고 재산도 흩어진다.

<u>지붕의 모양, 방의 높이, 정원</u>
　지붕의 모양은 평범한 것이 좋고 복잡하거나 높낮이가 넓고 좁은 것이 균형이 맞지 않고 안정감이 없으면 흉이다. 사람의 머리에 해당하는 곳이니 주위와 어울리면 좋다. 집 내부의 높이 또한 팔을 펴서 30cm 정도 높이가 바람직하다. 이보다 높으면 건물에 사는 사람이 경솔해지고 허장성세하기 쉽고 이보다 낮으면 성격이 내향적이고 위축되고 소극적이다. 창문 또한 서북쪽을 적게 하고 동남쪽은 벽면의 3분의 2 정도의 크기로 해야 생기를 많이 받아 이상적이다. 또 창문과 현관문은 동일 선상에 있는 것은 흉이다. 정원은 키가 크지 않고 늘 푸른 상록수가 좋으며 불상, 석등, 문인석 등과 단풍나무, 등나무 등을 정원에 심는 것은 좋지 않다.

양택법식(陽宅法式)

① 팔택가상법(八宅家相法)

② 황제택경법(黃帝宅經法)

③ 죽실통법(竹實筒法)

④ 하락원수법(河洛元數法)

⑤ 현공비성법(玄空飛星法) 등이 있다.

※ 하락원수법(河洛元數法)은 하도(河圖), 낙서(洛書), 자백(紫白), 간지(干支), 납음(納音), 육십화갑자(六十花甲子) 등이 있다.

⫶집을 보는 법 -가상법

가상을 보는 법에는 두 가지가 있다. 풍수가들이 가장 많이 쓰는 팔택가상과 황제택경(黃帝宅經)의 두 가지 방법을 살펴보고자 한다.

먼저 팔택가상(八宅家相)을 보면, 나경의 24산을
삼산일괘(三山一卦)로 나누면 팔괘궁(八卦宮)이 된다.
팔괘궁 중 4개 궁은 동사택, 4개 궁은 서사택으로 한다.
팔괘 생성의 재변(再變, 四象)에 바탕을 두고
소음소양(少陰少陽)이 삼변화생(三變化生)한 괘는 동사택이 되고 태음태양(太陰太陽)이 삼변화생(三變化生)한 괘는 서사택이 된다.

※ 팔택가상은 좌(座)를 보지 않고 문방주측(門房廚厠)만 본다.
   괘로 순청(純淸)함이 좋다.
   황제택경(黃帝宅經)은 좌 위주로 본다. 상(相), 배(配)해야 좋다.

동서 사택 구분
진괘궁(震卦宮) : 갑묘을(甲卯乙, 春分)
손괘궁(巽卦宮) : 진손사(辰巽巳, 立夏)
이괘궁(離卦宮) : 병오정(丙午丁, 夏至)
곤괘궁(坤卦宮) : 미곤신(未坤申, 立秋)
태괘궁(兌卦宮) : 경유신(庚酉辛, 秋分)

건괘궁(乾卦宮) ： 술건해(戌乾亥, 立冬)
감괘궁(坎卦宮) ： 임자계(壬子癸, 冬至)
간괘궁(艮卦宮) ： 축간인(丑艮寅, 立春)

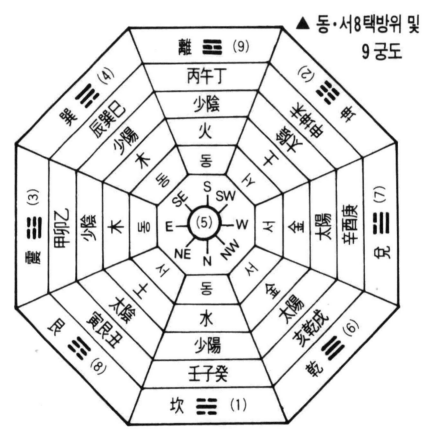

▲ 동·서8택방위 및
9 궁도

▲ 외부에서부터 1층 8괘방위 및 九宮圖數, 2층 24방위, 3층 四象의
음양구분, 4층 5행배속, 5층 동·서4택구분, 6층 나침반위치, 7층(5)은
9 궁도수.

곤(坤)	간(艮)	감(坎)	손(巽)	진(震)	이(離)	태(兌)	건(乾)	
☷	☶	☵	☴	☳	☲	☱	☰	八卦
⚏		⚎		⚍		⚌		四象
태음(太陰)		소양(少陽)		소음(少陰)		태양(太陽)		
		동사택						
서사택						서사택		

※ 팔괘궁을 4괘궁씩 나누어 소양소음은 동사택, 태양태음은 서사택으로 분류한다.

■ 팔택

동사택 – 소양에서 분화한 감괘(坎卦)와 손괘(巽卦), 소음(少陰)에서 분화한
이괘(離卦)와 진괘(震卦)

※ 동쪽은 생기방이라 소음, 소양의 생기 방장한 생육능력을 가진다.

서사택 – 태양(太陽)에서 분화한 건괘(乾卦)와 태괘(太卦), 태음(太陰)에서 분
화한 곤괘(坤卦)와 간괘(艮卦)

※ 서쪽은 수기방이라 은퇴한 노장(老壯)의 뜻.

■ 팔택가상

손(巽)	이(離)	곤(坤)
진(震)		태(兌)
간(艮)	감(坎)	건(乾)

동사택 – 감이진손(坎離震巽)

서사택 – 건곤간태(乾坤艮兌)

양택의 사대요소

문(門), 방(房), 주(廚)와 측(厠)

팔괘오행운
감간궁(坎艮宮)은 1,6,5,10 수토운(水土運)
진손궁(震巽宮)은 3,8 목운(木運)
이곤궁(離坤宮)은 2,7 화운(火運), 5,10 토운(土運)
태건궁(兌乾宮)은 4,9 금운(金運)

상기 운을 보는 법은 간(艮)궁좌나 감궁(坎, 壬子癸)집이 팔택가상법에 맞지 않으면 이사 후 1년 또는 6년만에 주인이 바뀌거나 빈집이 될 수 있다는 것이나 정확한지는 알 수 없다.

구성변효법

상생기(탐랑목) : 집안이 융성하고 자손이 많으며 문예가 발전한다.

중오귀(염정화) : 흉악한 일만 생긴다.

하연년(무곡금) : 가족이 화목하고 영웅호걸이 배출된다.

중육살(문곡수) : 불효하고 불목하다. 미치광이가 난다.

상화해(녹존토) : 성품이 잔인하다.

중천덕(거문토) : 가문이 크게 융성하고 의사나 역할에 밝다.

하절명(파군금) : 병고가 생기고 과부가 난다. 또 요절한다.

중복위(보필목) : 보통이다.

구성변요(九星變曜) : (乾大門) ☰

일상생기(一上生氣) : ☰ -〉 ☱ (西)

이중오귀(二中五鬼) : ☲ -〉 ☳

삼하연년(三下延年) : ☷ -〉 ☷ (西)

사중육살(四中六煞) : ☷ -〉 ☵

오상화해(五上禍害) : ☷ -〉 ☶

육중천덕(六中天德) : ☷ -〉 ☷ (西)

칠하절명(七下絕命) : ☷ -〉 ☱

팔중복위(八中復位) : ☷ -〉 ☰ (西)

기존 건물의 길흉 판단

1. 대지 중심에 나경을 놓고 대문, 주방, 측(厠), 방위를 재서 동서사택을 판단한다.
2. 삼요(三要)를 사상(四象), 양의(兩儀), 음양(陰陽), 팔괘(八卦)를 판단한다.
3. 칠성유년(七星流年)을 붙인다.
4. 단험을 본다.

   삼요는 동사택이나 서사택이나 순청, 측(厠), 반대사택, 괘, 상, 오행의 배합과 생극을 판단한다.

■ 황제택경법

1. 술중(戌中)에서 진중(辰中) 사이의 좌는 양사택(陽舍宅), 괘는 건(乾), 감(坎), 간(艮), 진(震)이고
2. 진중(辰中)에서 술중(戌中) 사이의 좌는 음사택(陰舍宅), 괘는 손(巽), 이(離), 곤(坤), 태(兌)라 한다.
3. 양사택(陽舍宅)에서는 음사택(陰舍宅) 방위의 대문 상배를 길로 복덕(福德)으로 본다.
4. 음사택(陰舍宅)에서는 양사택(陽舍宅) 방위의 대문 상배를 길로 복덕(福德)으로 본다.

※ 팔택가상(八宅家相)으로 봐도 이 법을 필히 참고하여야 한다.

손(巽)은 추기(秋氣, 金)의 생궁(生宮), 건(乾)은 춘기(春氣, 木)의 생궁(生宮)

팔괘(八卦) 건감간진(乾坎艮震)은 양사택(陽舍宅)

팔괘(八卦) 곤태손이(坤兌巽離)는 음사택(陰舍宅)

즉, 입동(立冬) -〉 입하(立夏)는 양(陽), 입하(立夏) -〉 입동(立冬)은 음(陰)

황제택경(黃帝宅經)

좌입중(座入中), 순비구궁(順飛九宮)하여 생(生), 왕(旺), 퇴(退), 사(死), 살(殺), 오황(五黃) 비박궁(飛泊宮)으로 단길흉(斷吉凶). 택명반(宅命盤) 생왕기방(生旺氣方)에 문(門), 방(房), 주(廚) 오황방(五黃房)과 사비궁(四飛宮)엔 불이측(不宜厠). 연월반(年月盤)과 택명반(宅命盤)으로 단연중사(斷年中事).

층수의 길흉

하도(河圖)를 쓴다. 운(運)과 좌(座)가 생왕(生旺)하면 길하고 극설(克泄)하면 흉이다.

육수(六水) : 길하면 문수(文秀), 재예(才藝) 총명하고 흉하면 음탕(淫湯)하고 익사(溺死)한다.

칠화(七火) : 길하면 거부(巨富)가 되고 횡재하고, 흉하면 토혈(吐血)하고 횡화(橫禍)한다.

팔목(八木) : 길하면 문재(文才)하고 다남(多男)하고, 흉하면 소망(少亡)하고 자액(自縊)한다.

구금(九金) : 길하면 거부(巨富)가 되고 다남(多男)하지만, 흉하면 고령(孤伶), 도병(刀兵)한다.

십토(十土) : 길하면 다자(多子), 취발(驟發)하고, 흉하면 온황(瘟瘟)하고 고상(孤孀)한다.

※ 좌(座)는 문(門)으로부터 생(生)을 받아야 길(吉)하고, 화토(火土)는 불내구장(不耐久長)이다.

■ 음양상배의 법칙

양희음(陽喜陰) 음의양(陰依陽), 두미(頭尾)를 제외(除外)한 괘위(卦位)가 길방(吉方).

양사택(陽舍宅)은 손이곤태(巽離坤兌)가 복덕방(福德方)

양사택(陽舍宅)은 건감간진(乾坎艮震)이 화해방(禍害方)

음사택(陰舍宅)은 건감간진(乾坎艮震)이 복덕방(福德方)

음사택(陰舍宅)은 손이곤태(巽離坤兌)가 화해방(禍害方)

택방낙서길흉(宅房洛書吉凶)

찰(察), 생왕(生旺), 퇴사(退死), 살관(煞關)

백(白) : 길하면 소년과갑(少年科甲), 명파사해(名播四海)하고, 흉하면 형처(形妻), 표탕(漂湯), 해안(害眼)한다.

흑(黑) : 길하면 발전재(發田財) 무귀(武貴)하고, 흉하면 처탈부권(妻奪夫權), 허망(虛亡), 악창(惡瘡)한다.

벽(壁) : 길하면 재록(財祿)하고, 흉하면 형처(形妻), 병잔(病殘), 관송(官訟)한다.

녹(綠) : 길하면 문장(文章), 관세(冠世), 여인미모(女人美貌)하고 흉하면 자액(自縊), 음탕(陰湯), 주색(酒色)한다.

황(黃) : 길은 없고, 흉하면 관살(關煞), 만사흉(萬事凶)이다.

백(白) : 길하면 위권(威權), 진무(振武)하고 흉하면 형처(形妻), 고독(孤獨)한다.

적(赤) : 길하면 발재왕정(發財旺丁)하고, 흉하면 도적(盜賊), 횡사(橫死)한다.

백(백) : 길하면 효의(孝義), 부귀(富貴)하고, 흉하면 온황(瘟瘟), 소구손(少口

損)한다.

자(紫) : 길하면 문장(文章), 이발이패(易發易敗)하고, 흉하면 토혈(吐血), 화재
　　　　(火災), 관재(官災)한다.

현공양택론(玄空陽宅論)

자백정위반(紫白定位盤)

사녹(四綠)	구자(九紫)	이흑(二黑)
삼벽(三碧)	오황(五黃)	칠적(七赤)
팔백(八白)	일백(一白)	육백(六白)

자백(紫白) : 괴성(魁星) : 대길(大吉)

이삼사칠 : 차길(次吉)

오황(五黃) : 강성(罡星) : 흉(凶)

■ 포국법(布局法)

① 천지운반(天地運盤) : 소운입중(小運入中), 순비구궁(順飛九宮)

② 1의 결과 좌궁비도성(座宮飛到星)을 입중(入中) 순비(順飛) 구궁(九宮)

③ 1의 결과 향궁(向宮) 입중(入中) 순비(順飛) 구궁(九宮)

④ 1, 2, 3 결과 중궁 3개수 좌궁 3개수 향궁 3개수를 종합하여 판단.

하도오행(하도오행)

1. 6 = 수(水)

2. 7 = 화(火)

3. 8 = 목(木)

4. 9 = 금(金)

5. 10 = 토(土)

■ 자백성(紫白星) 성정(性情)

자백(紫白)	성명(星名)	생왕(生旺)	극살(剋煞)
일백(一白)	탐랑, 천희, 아홀 (貪狼, 天喜, 牙笏)	신동(神童), 지혜(智慧)	형처(形妻), 주색(酒色), 치롱(痴聾)
이흑(二黑)	거문, 천의, 병부 (巨門, 天醫, 病符)	정재(丁才), 명의(名醫)	난산(難産), 악창(惡瘡), 과부
삼벽(三壁)	녹존, 치우 (祿存, 蚩尤)	발재(發才)	도적(盜賊), 담병(膽病), 족질(足疾)
사녹(四綠)	문곡, 문창 (文曲, 文昌)	과갑(科甲)	풍효(風哮), 자액(子縊)
오황(五黃)	염정, 오귀 (廉貞, 五鬼)	기재(奇才), 극부(極富)	음란(淫亂), 횡사(橫死)
육백(六白)	무곡, 청룡 (武曲, 靑龍)	정재(丁才), 행선(行善)	극처(剋妻), 허영(虛榮)
칠적(七赤)	파군(破軍), 형요(形曜)	정재(丁才)	파가(破家), 남도(男盜), 여창(女娼)
팔백(八白)	좌보(左輔), 귀성(鬼星)	부귀수(富貴壽)	소구손(少口損), 종양(腫瘍)
구자(九紫)	우필(右弼), 홍난(紅鸞)	문장(文章), 과갑(科甲)	화재(火災), 관재(官災), 토혈(土血)

■ 양택(陽宅)의 오실오허(五實五虛)

실(實)	허(虛)
택대문소(宅大門小)	택소문대(宅小門大), 목조 건물에 철문
택소인대(宅小人多)	택대인소(宅大人小)
장원전미(墻垣全美)	장원불완(墻垣不完)
택소축다(宅小蓄多)	지대옥소(地大屋小)
대문처길(大門處吉)	정조불처(井灶不處)

※ 낙서구주(洛書九疇), 삼원오운(三元五運) 등은 복잡한 현실에 맞지 않아 논외로 친다.

■ 학유구난(學有九難)

  땅의 도는 하늘과 신령이 만들어 놓은 것이다. 그러므로 처음과 끝을 이루어 법문이 둘이 아니다. 선비와 보통 사람이 배우면 집안을 다스리는 학문이고, 공경과 대부가 배우면 세상을 경륜하는 학문이다. 정기를 오롯이 하여 욕심을 생각하지 말고 기운을 다하고 생각을 바로 하며 정신을 다하여 정성으로 몸을 닦으나 역시 아홉 가지 어려움이 있어 이루기가 어렵다.

  地道는 神通合天을 日道成이요, 成始 成終之 不二法門이라. 士夫 治家之學이요, 大夫는 經世之學인데 精全하여 不思慾하고, 氣全하여 不思念하며 神全하여 不思睡로 成修己나 亦有九難 難成難成이로다.

■ 구난자(九難者)란

1. 의식핍진(衣食逼進)
2. 은애한전(恩愛罕纏)
3. 명리기반(名利綺絆)

4. 앙화횡생(殃禍橫生)

5. 맹사약속(盲師約束)

6. 의론차별(議論差別)

7. 지의해태(志意懈怠)

8. 세월차타(歲月蹉跎)

9. 시세난잡(時世難雜)

■ 종교 발생 지역과 특성

계절풍 지대 : 동양 - 농(農), 자연친화적(숭배), 범신(凡神)사상, 군왕제

해양성 지대 : 서양 - 상(商), 인본(투쟁), 민주주의, 다신(多神)

사막 지대 : 중동 - 축산(畜産), 자연 반항, 독선, 패왕, 유일신(惟一神),
　　　　　　　　　법률

■ 역의 상식

성역식(星曆式) : 북극성을 기준으로 한 동지가 기준이다.

재래식 : 절기를 기준으로 한 입춘이 기준이다.

무준식(無準式) : 음력 정월, 원단(元旦)을 기준으로 한다(현대식).

춘사(春社) : 경칩 후 두 번째 술일(戌日, 국태민안을 비는 날)

납형(臘亨) : 소한 후 두 번째 미일(未日, 국태민안을 비는 날)

한식(寒食) : 동지 후 105일 째(조상을 위한 사역)

초복(初伏) : 하지 후 세 번째 경일(庚日), 월복(越伏)이면 더위가 길다.

중복(中伏) : 하지 후 네 번째 경일(庚日), 10일이 정복(正伏)

말복(末伏) : 입추 후 첫 번째 경일(庚日), 21일이 월복(越伏)이다.

풍수지리의 요건

풍수지리의 요건은 통일성(統一性), 방위성(方位性), 시의성(時宜性), 순역성(順逆性)이다.

■ 용혈합국법

순삼합법(順三合法): 해입수(亥入首) 건좌(乾座), 정득갑파(丁得甲破, 乾甲丁)

삼재법(三才法): 천인지(天人地) 구족(俱足)(예: 庚兌龍 辛戌座 艮寅破)

암장법(暗藏法): 신술룡(辛戌龍) 건해좌(乾亥座)(戌中丁, 亥中甲 -〉乾甲丁)

동금법(同衾法): 을득병파(乙得丙破), 정경(丁庚), 계갑(癸甲), 신임(辛壬)

절원(絕源, 空亡의 氣脈) : 실원(失源)

임감룡(壬坎龍): 건입수(乾入首) -〉살요(殺曜)

병오룡(丙午龍): 손사입수(巽巳入首) -〉살요(殺曜)

을묘룡(乙卯龍): 손사입수(巽巳入首) -〉살요(殺曜)

경태룡(庚兌龍): 곤신입수(坤申入首) -〉살요(殺曜)

오정룡(午丁龍): 곤신입수(坤申入首) -〉살요(殺曜)

※ 삼대(三代) 안에 절손(絕孫)

참고문헌

유종근, 『한국풍수의 원리』, 동학사

서선계서선술, 『인자수지』, 무능출판사

장익호, 『용수정경』, 현대문화사

작가 미상, 『주역전의대전』, 학민문학사

굴만리·오여관, 『서선집주』, 조선도서주식화

복응천, 『설심부』, 신평·관음출판사

정경언, 『정통풍수지리』, 평단

이중환, 『택리지』, 서해문집

최용주, 『신한국풍수』, 동학사

최창조, 『한국의 자생풍수』, 민음사

최창조, 『청오경, 금난경』, 민음사

목산, 『나경원해』, 목산나경연구소

사고전서판본, 『감룡경』, 무릉출판사

주경일, 『삼양지미』

최명우, 『현공풍수의 이론과 실제』, 대한현공풍수

조용헌, 『명문가 이야기』, 푸른역사

수강, 『경세록』

수강, 『삼의록』

수강·유종근, 『이수촬요』

唐일행선사, 『간산결』